Mais qu'est-ce que je fous là………encore une fois ?!

Édition : BoD – Books on Demand,

12/14 rond-point des Champs-Élysées, 75008 Paris

Impression : BoD - Books on Demand, Norderstedt, Allemagne

ISBN: 9782322404469

Dépôt légal : Avril 2022

Fend-la-bise

Mais qu'est-ce que je fous là

.........encore une fois ?!

Pour Maud, Thomas et Quentin
Pour papa et maman
Pour les potes de balade

« Nos désirs sont les pressentiments
des possibilités qui sont en nous »

Johann Wolfgang von Goethe

Ma première rencontre avec le monde des coureurs de grand fond date du siècle passé. Et oui, un peu plus de 20 ans d'ultra. Ces années me donnent une ancienneté et une doyenneté régionale que j'endosse bien volontiers.

Toutes ces années de courses m'ont forgé une expérience qui s'est construite au fil des erreurs que j'ai tenté d'analyser à posteriori dans le but d'éviter de les reproduire. Celle-ci m'a permis également d'appréhender autrement ce type de distance sur route ou sur chemin.

A l'occasion d'une discussion, une personne m'a fait un très joli compliment. Elle m'a dit :
« Tu inspires les gens. ».
Le compliment ne portait pas sur la course en elle-même mais sur le fait que je donnais envie aux autres personnes. L'envie de faire un truc un peu fou, l'envie de tenter quelque chose d'un peu dingue. Juste pour se défier et tenter pour savoir si on est capable de le faire.

Je me suis alors dit pourquoi ne pas mettre sur papier cette expérience pour, peut-être, vous donner envie ou juste vous faire découvrir de l'intérieur cet univers.
Forcément, vous allez retrouver quelques conseils disséminés au fil des pages. Ceux-ci pourront vous être utiles……ou pas, car chacun doit se défier sur ce type d'épreuve avec sa propre

approche ainsi que ses capacités physiques et mentales.

J'avais juste envie de dire (ou d'écrire) à celles et ceux qui participent ou qui envisagent, un jour, de s'inscrire à ce type « d'épreuve » et qui passeront forcément par des stades de détresse ou d'euphorie, des moments de solitude ou de grand partage, des moments de résignation ou de détermination. Tous ces moments proches de ce que j'ai pu vivre.

Dans ces moments-là, vous vous direz :
« Ok, je ne suis pas seul !! ».

Mais qu'est-ce que je fous là…….. encore une fois ?!

Impossible de savoir combien de fois j'ai bien pu dire cette phrase à haute voix ou me la murmurer intérieurement !

A mon avis, la deuxième phrase au palmarès des cris du cœur doit être probablement: « Plus jamais ».

Ces expressions verbales bien connues des coureurs d'ultra, cette famille de coureurs de très longues distances dont je fais partie depuis plus de 20 ans.

Rassurez-vous, je ne suis pas « l'Obélix de l'ultra », je ne suis pas tombé dedans quand j'étais petit garçon. Mes premières foulées de coureurs à pieds l'ont été sur une piste d'athlétisme à l'âge de 13 ans. Mais c'est vrai que je me suis assez rapidement orienté vers les courses un peu plus longues que celles de mes camarades d'entrainement.

Pas forcément très rapide sur la piste, je pense que c'était le moyen que j'avais trouvé pour me démarquer des autres coureurs de mon âge. Un premier semi-marathon à 16 ans que je terminerais en 1h37' (Record : 1h16'). Viendra ensuite le marathon à 26 ans en 3h34 (record : 3h04') et une étape de plus avec un 100km à l'âge de 27 ans avec un chrono assez honorable de 10h22 (record : 9h29'). C'était le premier juin 2000 et j'avais trouvé ce qui me faisait vibrer dans le sport. L'effort de longue durée. Ce type d'épreuve où la course n'a pas encore vraiment débuté alors que vos muscles vous font souffrir depuis de nombreux kilomètres.

Tout d'abord, un peu de vocabulaire. Qu'est-ce qu'un ultra ?

Que ce soit sur route ou en trail, le terme ultra englobe, en course à pied, toutes les épreuves de longues distances. Pour la route, ce sera pour des distances supérieures au marathon. Pour le trail, ce sera à partir de 80km.

Une des grosses différences entre ces deux « terrains de jeu » est la vitesse de progression.

En trail, le temps de course va dépendre, notamment, de la distance mais également du dénivelé qui est très souvent présent alors que les organisateurs de courses d'ultra sur route vont tenter de privilégier le parcours plat pour optimiser le chrono final.

Sur trail, on estime que 100m de dénivelé positif équivalent à 1km de plus sur parcours plat. Donc, un 50km avec 2500m de dénivelé positif correspondra, en termes d'effort, à 50+25 soit 75km. C'est généralement grâce à ce petit calcul que j'estime mon temps approximatif pour une course à laquelle je vais participer.

J'en reviens à ces 20 années passées à participer à ces ultras. 20 ans à inscrire sur le calendrier familial des courses de plus ou moins longue distance. 20 ans à chercher dans les magazines ou sur internet le titre de course qui va titiller ma curiosité. Pour n'en citer que quelques-uns, il y a : Le Grand Trail du Nord, l'Ardennes Méga Trail, la Bouillonnante, l'endurance trail des templiers (Millau), l'Ultra-Trail du Mont Blanc, l'Ultra Race d'Annecy, la Diagonale des Fous (La Réunion), le grand raid des Pyrénées...... Des noms de courses qui donnent envie d'y aller juste parce qu'on sait que ça va être difficile.

Inévitablement, on va choisir les distances les plus longues. Ben, oui, on ne se déplace pas pour rien ! Au final, on se retrouvera à sélectionner des distances à 3 chiffres en sachant forcément que le temps de course dépassera largement les 10h.

Deux petits exemples : tout d'abord, l'UTMB avec ces 170km de chemin et plus de 10000m de dénivelé me demande un peu plus de 43h d'effort pour finir la distance. Pour boucler un 100km plat sur route, il me faut une dizaine d'heure de course pratiquement non-stop.

Alors forcément, lorsqu'on me demandera ce que je prévois comme course dans les mois qui viennent, les chiffres que je vais annoncer à ces interlocuteurs « normalement constitués » vont, tout d'abord, surprendre et, dans un second temps, susciter des questions du style :

- Mais, en combien de jours ?
  Ou
- Combien de kilomètres !!??
  Mais aussi
- Mais, t'es pas normal !!
  Et également
- Pourquoi tu fais ça ??

Je me souviendrai toujours de la phrase que l'oncle de mon épouse m'avait sortie alors que je lui expliquais que j'avais terminé un 100 bornes sur route :

« Donc, là, tu vas jusqu'à la mer et tu reviens ? ».
Et je lui avais répondu :

« Oui, sauf que je ne m'arrête pas pour manger une gaufre et boire un chocolat chaud ! »

Il m'arrive également de retrouver le même type de réaction d'étonnement de la part d'un coureur (plus raisonnable dans ses choix de courses) que je rencontre durant une épreuve de moyenne distance et avec qui je vais discuter quelques kilomètres.

Durant ces minutes d'échanges verbaux, nous allons très probablement partager notre expérience de course et, durant la discussion, on en viendra forcément à parler des courses pour lesquelles on a déjà pris un dossard.

Généralement, ce qui sort de sa bouche c'est :

« Ah ouai !! »

Par contre, ce que la personne ne sait pas, c'est comment s'est déroulé cet ultra.

Parce que, honnêtement, c'est rarement une partie de plaisir. Ce serait plutôt un long périple semé de beaucoup d'embûches.

Des moments d'euphorie et des moments de déprime. Cette montagne russe mentale et physique doit être gérée au mieux sans être toujours certain d'avoir fait le bon choix. J'ai la chance de passer très souvent au travers de ces fameuses embûches et de finir en bon état. Les 30 à 40% de participants qui abandonnent dans ce type d'épreuve sont bien moins chanceux que moi.

Bon, le terme chanceux est peut-être inapproprié….Allez savoir !!!

Vu de l'extérieur de ce monde peu connu, je pense qu'on se fait passer pour des doux dingues, un peu barjots, peut-être même des inconscients qui gaspillent leur capital osseux en s'usant sur des chemins terreux, gras, boueux, accidentés, détrempés.

La question qui revient très souvent durant ces échanges verbaux est ce fameux « Pourquoi ? »

C'est vrai ça, pourquoi ?

Pourquoi s'inscrire et s'entrainer par tout temps pour participer à ce type d'épreuve. Pourquoi passer des heures d'entrainement en ne pensant qu'à cette course. Pourquoi faire, défaire et refaire ce fichu sac à dos parce que le matériel obligatoire n'y rentre pas. Pourquoi, étudier aussi religieusement le parcours les semaines précédant le départ alors qu'on aura largement le temps de l'apprendre en cours de chemin. Pourquoi avoir cette crise « d'hypocondrie » à 3 jours du départ avec des douleurs qui n'existaient pas auparavant.

En plus, un des points les plus difficiles sur ce type de course est que même si on a tout fait pour être prêt, on sait qu'on n'a qu'une seule chance. C'est ce jour-là qu'il faut « performer ».

Pour les coureurs de 10 bornes, si la météo est mauvaise ou si la forme n'est pas encore là. On attend 8 ou 15 jours et on en trouvera bien un autre. Pour le coureur d'ultra, il n'y a qu'une date. Et si, ce jour-là, la météo est pourrie ou si tu es enrhumé et bien tant pis !!

C'est ce jour-là est pas un autre. Alors tu fais avec…ou sans.

Et il y a encore pire qu'un jour sans. C'est la modification, la réduction et même l'annulation de la course quelques heures avant le départ. Cela m'est déjà arrivé une fois. Un SMS de l'organisation annonçant l'amputation d'un tiers de la distance de la course….7h avant le départ. La déception au moment de l'annonce était proportionnelle à la distance qu'on nous a retirée. On n'est pas venu pour avoir une médaille en chocolat. On n'acceptera pas le titre de finisher si la course ne fait pas réellement le kilométrage ou le dénivelé annoncé. Non, on ne peut pas nous ôter cet honneur d'être un vrai finisher.

Pour revenir à ces heures d'entrainement car, forcément, on ne parle pas de minutes d'entrainement pour les préparations. On va devoir avaler des kilomètres pour tenir la distance. On ne comptera plus les dimanches matin à enfiler ses baskets au lever du soleil au lieu de profiter d'une bonne petite grasse matinée ou, à l'inverse, donner rendez-vous en fin de soirée à d'autres potes pour une sortie nocturne à la lueur de la frontale. Forcément, ces heures d'entraînement vont devoir s'incorporer dans le planning familial et devront être supportées également par le ou la conjointe. Si la famille n'accepte pas de nous laisser vivre notre passion, impossible de pouvoir se préparer sereinement. On ne parle pas assez des efforts consentis par les conjoints. Je profite de ce livre pour les remercier. Merci ma chérie !!

Revenons donc à cette question de base. Pourquoi ?

A vrai dire, je ne suis pas certain de savoir pourquoi moi-même !

Je pense qu'un trail est réellement amusant sur des distances allant jusqu'à 50km. Passé cette distance, ça commence à être un peu de l'auto flagellation.

Mais, ça n'est probablement pas que le plaisir simple de courir que nous venons chercher. Peut-être que ces challenges toujours plus hauts, toujours plus forts, sont des shoots d'adrénaline et d'endomorphine dont on a besoin pour vivre pleinement ce sport qu'on adore.

Et ces shoots doivent être alimentés par d'autres défis qui seront forcément plus grands, plus raides, plus longs. Juste pour s'imposer un nouveau challenge.

On ne va pas se cacher, c'est toujours sympathique lorsque qu'on vient te demander : « Vous l'avez faites celle-là ? ». Cette question est posée car vous portez un tee-shirt, gilet ou buff floqué du petit mot……..finisher.

« Et ouai, je suis finisher »
Je l'ai terminée !

On va probablement narrer à cette personne notre course et le fait que les paysages étaient magnifiques et que la « sortie » valait le coup.

Par contre, on ne lui dira peut-être pas (et encore !!) qu'on s'est arrêté et assis sur un rocher pour pleurer toutes les larmes de notre corps parce que on avait juste envie qu'on nous ramène à l'arrivée pour qu'on puisse prendre une bonne douche et vite penser à autre chose.

Pour être, franc, je n'ai jamais sangloté en course mais je peux vous assurer qu'il m'est arrivé de passer, plusieurs fois, de longues minutes assis sur un gros caillou ou à même le sol quelques centaines de mètres après un ravito en me demandant si ça ne serait pas plus raisonnable de rebrousser chemin et de déposer mon dossard.

Mais, chance pour moi, j'ai réussi chaque fois à reprendre la route pour tenter de finir. Peut-être que c'est ça le plus grand exploit sur un ultra….continuer toujours, quoi qu'il arrive. Faut finir ce fichu tour, rejoindre l'arrivée !!

Et ces fameux magnifiques paysages. Je peux vous le dire maintenant, même si les Gorges du Verdon sont magnifiques pour nos yeux et ceux des touristes. Cette superbe eau bleu turquoise commencera sérieusement à vous sortir par les trous de nez au bout de 12h à crapahuter sur les falaises !

Pour l'effort sportif. Bien sûr qu'on s'est employé pour essayer de claquer un chrono mais on ne va pas annoncer que le premier a juste été deux fois plus vite que nous et qu'il était déjà rentré chez lui quand nous avons passé la ligne d'arrivée.

Quand on vous donnera notre vitesse horaire, vous aurez un petit rictus qui voudra tout dire. 4.5km/h de moyenne…..C'est de la rando quoi ? Et oui, il peut arriver que notre vitesse moyenne de déplacement soit ridiculement basse voire proche du surplace sur certaines portions de la course. Pas facile de se dire que pour finir les 20 derniers kilomètres, on va mettre 4 ou 5h alors qu'on parcourt habituellement un semi-marathon sur route en un peu plus de 1h30 sans trop d'effort.

On sait, on sait. Mais ce n'est pas le même monde, pas le même terrain, pas la même fatigue, bref, rien n'est pareil. On tente juste de s'adapter pour avancer à la vitesse la plus rapide mais également la moins fatigante qui nous permettra de tenir le plus longtemps possible. C'est peut-être une des choses les plus dures à apprendre, ne pas aller vite pour tenir. J'en parlerai un peu plus loin.

Pour l'exploit sportif. On se dira surtout que notre exploit sera d'avoir eu de la chance de passer à travers les mailles de l'abandon car les pourcentages d'abandon sont généralement proches de 30 à 40% alors que les coureurs ou coureuses inscrits ont déjà très souvent une armoire pleine de ces fameux tee-shirts finisher. Sur la ligne de départ, nous sommes généralement entourés de participants expérimentés.

Je pense quand même qu'on force un peu le destin par notre approche de la course. L'expérience nous a permis d'appréhender les distances très longues en prenant généralement un départ prudent, voire très souvent trop prudent. Cette prudence excessive nous fait pointer dans le bas de classement des premiers ravitos mais elle nous permet également de garder le rythme plus longtemps que d'autres et de maintenir un moral presqu'au beau fixe car on ramasse du monde tout au long de la deuxième partie du parcours.

Voilà notre véritable exploit sportif : Finir

Et oui, beaucoup de questions auxquelles on a toujours beaucoup de plaisir à répondre car on sait qu'on nous écoutera avec attention mais sans forcément comprendre notre motivation. Incompréhension tout à fait légitime d'ailleurs. Bizarre hein !

Après toutes ces réponses à cette fameuse question : « Pourquoi ? », quel intérêt me direz-vous. C'est vrai, quel intérêt ?

Comme je le dis souvent, pour les souvenirs. Souvenirs d'un moment partagé avec un autre traileur inconnu, avec un pote, un paysage, un lever ou un coucher de soleil, une anecdote, une nuit pleine d'hallucinations, une arrivée en famille. Bref, toutes ces petites choses qui resteront gravées dans notre mémoire pour toute la vie.

Mais pour pouvoir graver ces souvenirs, il va falloir passer par quelques étapes qui auront débuté bien avant la ligne de départ et qui s'arrêteront sur la ligne d'arrivée.

Après ces quelques « étapes », on se dépêchera de vous raconter ce long périple plein de souvenirs en les couchant sur papier grâce à un petit récit. Ce récit clôturera ou actera la fin de cette fameuse balade.

Et ces nombreuses étapes qui constituent ces courses d'ultra fond sont jalonnées de petites phrases. Ces phrases qu'on a entendues dans les pelotons ou que nous avons créées sans forcément le faire exprès et qui sont devenues des compagnes de chemin.

De petites phrases qui ne sont connues que par nos proches de course. Celles et ceux qui nous ont déjà accompagnés comme suiveur ou avec qui on a pu faire un bout de chemin ou toute la distance.

Jusqu'à présent, ces phrases restaient notre petit jargon de coureur. Les expressions qu'on ne se dit qu'en course car elles ne veulent pas dire grand-chose lorsqu'elles sont sorties de leur contexte.

Ces expressions deviendront le fil rouge de ce livre le temps de ces quelques pages.

Chacune de ces phrases a, à un moment donné de la course, une signification importante pour nous. Celles-ci sont liées à l'expérience que nous avons acquise tout au long de ces années.

Toutes ces phrases sont les solutions trouvées aux erreurs passées et qui nous font passer chaque étape.

Et chaque étape nous rapproche de la ligne d'arrivée. Il est temps de vous les faire découvrir

Ouai, ça va être une belle balade

Cette première phrase est typique de ce qu'on dit aux amis lors d'une discussion quelques semaines ou jours avant le départ. On a pratiquement la même phrase type pour l'après course, dans le style : « Ouai, c'était sympa comme balade, pas trop long. ».

Bon, on ne va pas se mentir, c'est une préparation mentale ! On sait très bien que ça va être long et qu'on va très probablement passer par des moments difficiles à gérer. Ils seront peut-être même insurmontables au point de nous pousser vers la table des abandons.

Mais, comme tout bon ultra traileur que nous sommes, nous devons prendre un relatif détachement pour ne pas se mettre trop la pression ou pour tenter de la gérer au mieux si elle est déjà présente afin d'arriver sur la ligne de départ reposé et détendu.

Sachez quand même que tout est préparé et que rien n'est improvisé. Que ce soit l'équipement porté qui aura été choisi et testé lors des entrainements de préparation. Les vêtements de rechange sont également sélectionnés en fonction de plusieurs critères propres à chacun.

La météo va être surveillée religieusement la semaine précédente le coup de pistolet lançant la course. Ces informations météorologiques vont confirmer ou modifier notre « stratégie » de course. Prévoir le chaud ou le froid, la pluie, le vent. Nous allons décider du nombre de litres d'eau à emporter dans le sac, du type de baskets, du besoin ou non des bâtons. La météo nous indiquera sur quel type de terrain nous allons évoluer, boue ou sec. Neige ou soleil. Bref, des points importants à ne surtout pas négliger.

Le document ultime, c'est le profil du parcours !! Ce petit bout de papier de 5 à 6 centimètres de large pour une bonne quinzaine de centimètres de long sur lequel un fin trait représentera la variation d'altitude au fil des kilomètres à parcourir. Celui-ci sera étudié scrupuleusement et sera gardé précieusement sur nous durant toute la course pour pouvoir prévoir et anticiper presque chaque kilomètre.

Ce document est généralement téléchargé du site de la course et on le complètera des informations qui nous semblent nécessaires. Entre autres, on y indiquera le nombre de mètres d'ascension des montées, la distance et une estimation de temps entre chaque ravito.

Cette estimation horaire va nous permettre de prévoir comment nous chargerons notre sac en boisson ou nourriture avant chaque départ d'un ravito. Pas la peine de prendre 3 litres de flotte si le ravito est dans une heure et qu'il fait frais. On repartira avec un litre maxi. 2 litres, c'est 2 kilos…. Du poids en plus et surtout inutile à porter.

On aura également sur ce petit bout de papier, des informations sur la composition des ravitos. Si ceux-ci sont bien fournis, on ne sera pas obligé d'emporter trop de nourriture pour nous alimenter entre les ravitos. On prévoira juste de bien se servir lors de notre ravitaillement et de charger le sac avec le nécessaire disponible sur place pour aller jusqu'au prochain. Toujours le même principe : ne pas porter ce qui n'est pas nécessaire.

Bref, ce petit bout de papier qu'on plastifiera pour éviter qu'il se décompose avec l'humidité est notre aide-mémoire et notre coach pour la course. C'est lui qui dictera notre progression. Ne jamais méconnaitre son épreuve. Ne pas préparer sa course est une erreur qui pourrait se payer cher.

Pas ou peu d'improvisation sur ce type d'épreuve. On va tenter de tout prévoir et si improvisation il y a, elle aura probablement été envisagée en préparation. Bizarre de dire qu'une improvisation sera envisagée, hein ?

Comme je vous le disais précédemment, on va tenter de prévoir l'imprévu pour ne pas se faire surprendre.

Un autre point important lors d'un trail, c'est le matériel obligatoire.

Les organisations vous fournissent une liste de matériel que vous devez obligatoirement avoir sur vous durant la course. On ne badine pas avec cette obligation de l'organisation car, premièrement, ce matériel risque d'être très utile en cas de problème physique ou de changement météorologique soudain. A titre d'exemple, une couverture de survie qui ne pèse que quelques grammes peut vous sauver d'hypothermie en cas de blessure grave. On ne prend donc aucun risque sur ce point du règlement. Nous évoluons majoritairement loin de lieux habités et il est dangereux de ne pas être précautionneux pour cette longue balade. De plus, sachant que des contrôles de sac peuvent être réalisés en course, et que le non-respect peut être motif de disqualification, ça serait vraiment dommage de se faire prendre pour une bande de strapping qu'on a laissée à la maison pour ne pas prendre trop de « poids » sur nous...

Lorsque l'inventaire du matos obligatoire et de notre nécessaire personnel sera fait, on choisira l'emplacement de chaque élément dans le sac à dos afin que « rien ne bouge ».

Car notre sac à dos sera fait et refait plusieurs fois pour être certain de n'avoir rien oublié, que tout est accessible, qu'il ne bouge pas de trop dans le dos, que rien ne frotte, que la charge est bien répartie. Est-ce qu'il n'est pas trop lourd ? On va également le peser et s'apercevoir que les 4kg qu'on a perdus pendant la préparation sont maintenant dans notre dos.

On tachera également de charger le sac selon les accès prioritaires. Pour être plus clair, on mettra au-dessus ce qui peut nous servir en priorité. Par exemple, la nourriture, la crème anti-frottement ainsi que les chaussettes ou la veste de pluie. On placera au fond du sac le sur-pantalon, les gants et le bonnet. La frontale de rechange, etc....

En cas de risque de pluie, les vêtements seront tous placés dans des sacs zippés étanches, ça permettra d'avoir des habits secs en cas de changement de vêtements. Toujours désagréable d'enfiler un tee-shirt trempé alors que tu es déjà transi de froid. Bien sûr, le matériel sera groupé par thème dans les sachets zippés. On placera le bonnet avec les gants et le Buff par exemple. Histoire de ne pas devoir sortir trois sachets pour juste avoir chaud. Il faut garder une logique dans le regroupement.

On lira des dizaines de comptes rendus de course pour avoir le ressenti des coureurs, des points importants qu'on n'a pas vu en étudiant le profil. Ces récits peuvent être très instructifs sur le type de terrain que nous allons rencontrer. Les changements de météo possibles avec l'altitude, le type de montée ou de descente car elles peuvent être très techniques ou très roulantes. L'approvisionnement des ravitos est également un point d'attention lors de la lecture.

Ces récits sont d'une aide précieuse pour les infos et pour pouvoir déjà ressentir ce qu'ils ont pu endurer durant leur épreuve. Ces lectures vont nous permettre de « rentrer » dans la course.

On regardera également les vidéos des coureurs car elles sont également de bons points d'information pour nous.

Bref, un maximum d'infos pour limiter les surprises.

Dans la vie courante, les surprises font généralement plaisir. Dans le monde de l'ultra, on préfère ne pas trop les rencontrer.

A partir de la prise de connaissance de la date de l'ultra-trail et de la confirmation d'inscription, je m'organise un programme de sorties dans les Ardennes. Ces sorties peuvent être des courses ou des balades organisées entre potes et vont monter graduellement en difficulté. Nous allons les choisir en fonction du ratio dénivelé/kilomètre afin de se rapprocher le plus possible des conditions de course même si on sait que rien ne ressemble dans nos Ardennes à ce qui nous attend en montagne. Oui, parce qu'il n'y a aucun intérêt de se taper du dénivelé si la course qu'on prépare est sans difficulté de profil. A l'inverse, on cherchera des coins techniques si l'ultra à préparer l'est également. Ces sorties en Ardennes vont s'étaler sur plusieurs mois par intervalle de 4 à 6 semaines avec une distance qui va débuter à une trentaine de kilomètres pour terminer un mois avant par une dernière sortie longue de 50 à 70km en condition course. Une sortie en condition de course veut dire que nous serons chargés au niveau du sac à dos comme le jour J. Les autres sorties se feront dans notre région. Sorties de vitesse ou techniques en semaine et sorties longues à tourner en rond sur nos monts des Flandres chaque dimanche matin.

On planifiera également 2 ou 3 week-ends chocs. C'est week-ends sont très spécifiques aux courses longues car l'objectif est de fatiguer le corps avant la sortie longue du dimanche. On organisera donc une première sortie le vendredi soir. Sortie d'une trentaine de kilomètres à la frontale avec le sac à dos chargé soit environ 4kg. Et le dimanche, sortie très matinale de 40km toujours avec le sac à dos chargé. Ces deux sorties cumulées permettront au corps et à l'esprit de devoir endurer la fatigue. C'est un travail très important à effectuer obligatoirement dans toute préparation.

Pour un ultra sur route, on se préparera différemment. Il faut arriver avec un bon volume kilométrique avant d'entamer la préparation qui durera entre 10 et 12 semaines. Beaucoup de programmes existent sur le net et il faut y faire son marché. Prendre ou retirer en fonction de ses capacités. Sachez que même si on ne va pas vite sur un cent bornes, on fera quand même de la vitesse. J'ai toujours intégré les fameux et redoutés entrainements de fractionné dits de 30"/30" ainsi que les allures marathon en semaine. Le dimanche sera exclusivement réservé à la sortie longue, toujours à allure course à respecter impérativement. En démarrant par des premières sorties d'1h30' et en augmentant chaque semaine de 15' pour terminer par une dernière sortie longue de 3h30'.

Ne pas lésiner sur la récupération d'avant course qui devra faire au moins 2 semaines avant le départ. Le corps a besoin de récupérer après cette grosse charge de travail et il lui faut du temps pour arriver à sa condition optimale.

Bref, comme vous l'avez compris, la course commence bien avant le coup de pistolet. Toute cette préparation va nous conditionner mentalement. Car il n'y a pas que la condition physique à travailler, l'aspect mental est également très important. Je dirais même primordial. Je vais tenter donc de respecter scrupuleusement ce qui est prévu. Qu'il pleuve, qu'il vente, qu'il neige. Il n'y a pas à chier......il faut faire la séance programmée. Ca me préparera peut-être pour les conditions météo de la course. On ne sait jamais comment peut changer le temps en montagne ou même en Ardennes.

Toutes ces séances de côtes, de vitesse, de sorties longues vont conditionner notre esprit à se dépasser.

Et même si on est prêt, le doute persiste quand même toujours. Le pied mal placé qui fait partir la cheville, la couture qui frotte et qui va provoquer de douloureux échauffements cutanés, ce ravito qu'on a pris trop rapidement, sans prendre assez de temps pour bien s'alimenter et qui se paie cash par une belle hypoglycémie quelques kilomètres plus tard. Ces satanées baskets qui n'ont pas assez d'accroche et qui te fatigueront dans les montées à force de glisser. Bref, plein de petites choses qui peuvent « pourrir » votre course.

Il n'empêche qu'on se mettra en tête qu'il faut profiter pleinement de ce moment, de ne pas rester dans sa bulle et de profiter au maximum des endroits par où nous allons passer.

Oui, parce qu'il faut profiter. On a la chance de pouvoir participer à ce type de course. Vu de l'extérieur, ça peut paraitre un peu fou mais, je peux vous assurer qu'il n'y a rien de fou. Bien au contraire, cette balade est tout sauf improvisée.

Alors, oui on vous dira avec une décontraction et une certaine nonchalance que ça va être sympa mais ne nous croyez pas, nous sommes bien loin de cet état d'esprit……nous sommes prêts.

Tranquille

Pour ce chapitre, ce ne sera pas une phrase mais un maître-mot qui sera développé. Celui-ci doit d'ailleurs être employé dès le départ et on pourrait le remplacer ou le compléter par : pas de précipitation.

Je pense, et ça n'engage que moi, qu'il y a une logique très basique en course à pied quelle que soit la distance et je vous la propose :

« La course ne débute que dans le dernier tiers de la course. Avant, ça n'est que de l'échauffement ». Je vais également reprendre une des fables de La Fontaine en vous disant que :

« Rien ne sert de courir, il faut partir à point. »

Revenons un peu plus terre à terre avec quelques chiffres qui seront peut-être plus évidents pour comprendre cette logique

Sur semi-marathon, c'est au 15ème km que peut se « gagner » ou se « perdre » une course. Quand je parle de gagner ou de perdre, rassurez-vous, je parle de gain ou de perte chronométrique. La même proportion se retrouvera sur marathon car c'est vers le 30ème km que cela pourrait se corser. Sur 100 bornes, c'est après le 65ème km. Sur un 100 miles, on ne commencera la « vraie » course qu'à partir du 100ème km.

Dans cette logique de gestion de course, j'ai tendance également à dire que les minutes gagnées dans la première moitié de course par une allure trop rapide, voir au-dessus de votre capacité, se paieront au double dans le dernier tiers, au moment où la course commence. J'expliquerai cette théorie un peu plus loin.

C'est vrai que sur route, c'est plus simple qu'en trail. Il y a l'allure moyenne à respecter quoi qu'il arrive.

Il faut donc se régler dès le départ en ne s'engageant pas de trop grâce à une allure qui aura été testée à l'entrainement. Celle-ci sera votre seul objectif pour les 50 premiers kilomètres. Quelques soit votre ressenti de début de course. Rien ne doit vous écarter de ce qui était prévu.

Forcément, il faut que cette allure soit précise et corresponde à vos capacités.

Lors de mon premier 100 bornes sur route, j'ai appliqué une règle que j'avais également découverte dans un magazine. Dans celui-ci, les vieux briscards du grand fond disaient :

« Sur un 100 bornes tu démarres doucement et dès que t'as démarré tu ralentis. »

Tout est dit, il faut partir doucement avec cette impression, qui devra rester présente pendant de nombreux kilomètres, de ne pas pousser sur les jambes.

Et l'objectif sur route sera d'arriver à maintenir cette allure le plus longtemps possible. Les douleurs musculaires et articulaires vont s'installer doucement à partir du 30ème kilomètre et vont s'accentuer au fil des kilomètres parcourus. Arrivé vers le 70ème kilomètre, ça deviendra réellement douloureux. C'est à ce moment-là que votre rythme de début de course va jouer. Car il va y avoir, après mi-parcours, une baisse de régime, c'est presqu'inévitable. Si votre gestion de début de course aura été bonne, vous arriverez à gérer ce ralentissement d'allure pour qu'il soit le plus faible possible.

Sur trail, certaines données telles que le terrain et le profil du parcours vont venir perturber ce calcul d'allure.

La solution : un départ en milieu ou même queue de peloton permet de nous assurer une allure modeste et lente car c'est ce qu'il faut. Le revers de la médaille est que nous risquons de nous prendre les bouchons des premières monotraces si le peloton est conséquent. Il faut donc savoir subtilement (et ça on sait le faire) trouver la bonne place dans le peloton grâce à la préparation d'avant course avec l'étude du profil et la lecture des récits. Cette préparation pourra nous donner quelques indices qui permettront de rester dans une dynamique, lente, mais sans arrêt prolongé.

L'heure de départ sera également un point important car le ressenti de course peut-être très différente si nous évoluons en plein jour ou au milieu de la nuit. De nuit, les points de repère ne sont pas les même qu'en plein jour d'où cette impression nocturne d'avancer plus vite que dans la réalité. Le faisceau de lumière qui éclaire les quelques mètres devant nos pieds peut nous induire en erreur avec cette impression d'aller vite. L'emploi du GPS est un bon atout pour se recaler.

Mes nombreuses participations à ce type de course m'ont appris une chose importante :
L'humilité face à ce qui nous attend.
Même si gagner du temps et d'être bien placé en début de course est euphorisant. C'est le meilleur

moyen de devoir « mettre le clignotant à droite » (qui veut dire abandonner) ou de finir dans un état de fatigue avancé

Tant qu'il y a des arbres,
t'es pas en haut

Phrase que j'utilise couramment et principalement dans les Ardennes. Je pense d'ailleurs qu'il n'y a que moi qui l'utilise !!
Et pourquoi allez-vous me demander ?
La raison n'a rien de subliminale ou de fantasmagorique. N'allez pas chercher trop loin…..on est très terre à terre, c'est tout simplement et très basiquement parce que les trails des Ardennes Belges et Françaises sont généralement une succession de montées et de descentes plus ou moins abruptes entre le cours d'eau et le haut de la colline et inversement. Des

montées qui avoisinent les 200m de dénivelé positif maximum. Ces trails, étant en basse altitude, ils sont généralement très boisés.

Bref, de temps en temps, quand vous montez, vous levez la tête au-dessus de vous et tant qu'il y a des arbres au-dessus, c'est que ça continue à monter. Lorsque la base des troncs des arbres les plus hauts est au niveau de vos pieds et donc, qu'il n'y en a pas au-dessus, c'est que vous en avez terminé avec la montée.

Dit comme cela, j'avoue, ça ne parait pas très clair. Vous y réfléchirez lorsque que vous serez en train de monter une côte et cela deviendra d'un seul coup beaucoup plus compréhensible.

Par contre, en montagne, nous n'utilisons pas cette phrase car les arbres sont généralement très rares voire absents en haut d'un col. La différence d'altitude entre le bas et le haut d'une montée est également plus conséquente. On peut prendre très facilement prendre 500 à 1000m de dénivelé en une seule ascension.

Dans ce cas-là, on ne travaillera pas qu'avec un repère visuel mais on surveillera l'altimètre de la montre qui nous indiquera combien de temps ou de dénivelé positif il nous reste à avaler. L'altimètre devient, à ce moment-là, le seul indicateur de notre ascension. On peut vérifier notre vitesse ascensionnelle également. Cela permet de savoir si nous montons toujours d'une façon assez dynamique et qu'on ne commence pas, tout doucement à lâcher prise. Bref, on va utiliser d'autres moyens nous permettant de régler l'allure ou de s'assurer qu'elle ne dégringole pas.

Avec, l'expérience, on devient capable d'estimer approximativement les temps de passage, quelques soit le parcours. Et c'est un réel avantage par rapport aux débutants qui découvrent ce monde.

La deuxième différence entre les Ardennes et la montagne est le temps d'ascension. En montagne, la montée peut prendre plusieurs heures. Il faudra donc se ménager et, surtout, se préparer psychologiquement au fait qu'on va avancer lentement pendant un petit bout de temps.

Je pense que c'est ce que j'ai de plus difficile à accepter en course. Me dire que nous allons enfiler plusieurs centaines de mètres de dénivelé positif en une seule fois à une vitesse moyenne qui oscillera entre 2 et 3 km/h.

Pas facile à accepter, même encore maintenant après de nombreuses années de pratique et de galère en montée.

Sur un parcours plat, je peux « couper » le cerveau et avancer sans réfléchir.

A contrario, à l'entame d'une grosse côte, je n'y arrive toujours pas. Pourtant, j'y travaille mais je pense que ce sera toujours mon point faible !

C'est pour cela qu'une étude préliminaire approfondie vous permettra de mieux appréhender chaque pente. Cette étude vous permettra de vous préparer pour chaque ascension. L'idéal étant de tronçonner la distance en une montée et descente. Toujours plus facile de travailler par morceau, par étape. Mais cette manière d'aborder l'ultra sera évoquée un peu plus loin.

Lève tes pieds, lève tes pieds

Contrairement à ce qu'on peut penser, ce sont rarement les grimpettes qui font le plus mal physiquement. Une belle descente très abrupte ou très longue va vous « flinguer » durablement et peut-être même définitivement les cuisses.

La gestion des descentes est une des priorités dès le départ car c'est cette gestion qui va nous permettre de tenir longtemps. On va toujours essayer de rester souple sans forcer car on sait qu'on a probablement encore 60 kilomètres voire plus à avaler.

Si la fin est proche, on va lâcher les chevaux et tenter une descente plus rapide.

Je ne peux plus compter le nombre de fois où je me suis fait surprendre par des coureurs qui me doublaient en dévalant comme des fous après une quinzaine de kilomètres de course. Les gars ou femmes déboulaient comme des dingues, comme si c'était le sprint final. Ça me faisait et ça me fait toujours doucement sourire car pas d'inquiétude pour le classement final. Sauf si c'est une des vedettes qui a raté le départ et qui tente de refaire son retard (ce qui ne s'est d'ailleurs jamais passé), il y a de forte chance que je vais les ramasser dans 30 bornes, les jambes explosées par les crampes.

Et oui, on n'allume pas comme des bêtes en début de course. C'est une grossière erreur de débutant.

La plus grosse gestion de descente que j'ai pu vivre ou subir fut avec mon pote JB. Une belle descente de 15km avec 1500m de dénivelé négatif. Vu sur papier, tu te dis que ça va être un régal. Bien au contraire, tu dois gérer ton allure pendant plus d'1h30. Rester super vigilant sur tes appuis et ne jamais te laisser emporter par le rythme des autres qui te doublent.

Et c'est lorsque nous sommes arrivés au ravito d'en bas qu'on a constaté les dégâts. Cette longue descente pour atteindre le ravito du 50ème km allait, au final, occasionner beaucoup d'abandons. Même nous qui avions vraiment bien géré cette descente, nous avions quand même bien morflé mais ce n'était rien comparé aux autres concurrents qu'on a continué à ramasser lors de la montée suivante. Celle-ci était tout aussi abominable avec 1250m de dénivelé positif en 5 bornes. Autant dire un mur. Un grand souvenir de course !

Voyez qu'on reste toujours sur le même objectif : tenir.

Et pour tenir, il faut se ménager. Il n'y a pas de secret. Alors, un conseil : mollo si l'arrivée est lointaine.

Avec le temps, je me suis aperçu qu'il fallait savoir se préserver en descente mais qu'il fallait également rester très dynamique. Le plus grand risque en trail est de se faire dominer par le terrain.

Subir le parcours est la pire chose qui puisse arriver en dehors d'une défaillance physique. Il faudra donc trouver le juste milieu entre l'économie et l'attaque. Rester vigilant, avoir des appuis propres, lever les pieds. Surtout lever les pieds car c'est généralement en descente qu'on se fait le plus mal. Un pied qui bute sur un rocher ou sur une racine et c'est la grosse gamelle. La tête en avant, avec les bras pour se protéger si on a de la chance.

Pour éviter ce type de mésaventure, on va ouvrir les yeux en grand, porter le regard à quelques mètres devant, écarter les bras pour avoir un maximum d'équilibre, se pencher en avant, se parler pour se motiver et ouvrir les vannes de manière appropriée. Tout l'art est de savoir ce qu'est la manière appropriée. Ne vous inquiétez pas, vous la trouverez tôt ou tard.

Il est fort probable que vous devrez vous engager dans des descentes en pleine nuit. Dans ce cas de figure, la vigilance est encore plus de mise. Vous vous apercevrez assez rapidement que les aspérités du chemin sont beaucoup moins visibles à la lueur de la frontale. Et si vous avez en plus la malchance d'avoir du brouillard, vous vous retrouverez avec un mur blanc juste devant les yeux. La seule solution est de retirer votre frontale de votre tête et de la tenir à la main comme une lampe torche. Deux avantages avec cette technique. Premièrement, vous n'avez plus ce mur de gouttelettes formant un brouillard blanc juste devant les yeux et qui vous empêche de voir loin. Deuxièmement, cet éclairage presqu'au ras du sol vous permettra de voir les ombres générées par les racines, rochers ou tout autre défaut de terrain présent sur votre chemin.

Et c'est d'ailleurs à ce moment-là, dans ces fameuses descentes où tu vas gérer comme un chef que la seule pensée qui doit traverser ton esprit c'est : « Lève tes pieds, lève tes pieds !! ».

Il est même probable que cela te revienne durant la dernière descente vers l'arrivée. Celle où tu vas mettre tes dernières forces pour finir vite. Qu'après 2 ou 3 chutes évitées, tu te diras : «Là, je pense que tu prends des risques. Tu n'en ferais pas un peu de trop hein ?».

Mais, au bout de quelques minutes, la course reprendra le dessus et tu vas te relancer dans cette ultime descente pour gagner quelques petites minutes et terminer avec le sentiment d'avoir tout donné

Faut charger la mule au ravito

Ah, ce fichu ravito. Je dis « fichu » mais ce serait plutôt « salvateur ». On l'appelle également la Base de Vie.

C'est un des points les plus importants de ces courses d'ultra. Un point qui est attendu avec impatience car il est l'endroit où on va recharger les batteries. Les batteries physiques mais également mentales.

Mais commençons par le carburant physique.

Dès notre entrée dans la zone, nous allons nous diriger vers les tables de ravitaillement. On va y choisir notre repas en fonction de nos envies, pas forcément en fonction de nos besoins.

Enfin si, un peu quand même lors des premiers ravitaillements où on va tenter d'alterner le sucré et le salé, chercher les bons apports pour garder le rythme prévu. On va avoir à ce moment-là une approche sportive.

Plus tard dans la course, quand de longues heures seront passées, on mangera pour se remplir l'estomac, parce qu'on sait qu'il faut manger. N'importe quoi ou, en tout cas, tout ce qui rentre......et ne ressort pas.

Il faut que « cela reste à l'intérieur » pour qu'on ait assez de carburant pour continuer à avancer. On se fera quelques plaisirs avec un bon café, une petite soupe, une poignée de chips ou une tartine agrémentée d'une tranche de fromage. On s'en fout, tant que ça rentre, il faut manger.

D'un point de vue personnel, lorsqu'on me demande ce que je mange aux ravitos, je me dénomme comme une poubelle de table.

Pour faire schématique, je commence à gauche de la table pour finir à droite et, entre les deux extrémités, je mange tout ce qu'il y a. Je termine par une bonne soupe aux vermicelles s'il y en a. Je repars de la zone de ravito avec le bol de soupe entre les mains et je l'enfourne sur les quelques prochains dizaines de mètres.

J'ai cette chance d'avoir un estomac à toute épreuve qui assimile tous les aliments que je lui envoie. Et je peux vous dire qu'il y a de temps en temps des mélanges un peu bizarres !!

Cette pause est l'occasion de s'occuper de son physique et en particulier les 2 choses les plus importantes du moment :

Nos pieds.

Il va falloir leur accorder un peu de temps pour qu'ils nous emmènent loin. Toutes les 30 bornes, un bon badigeonnage de crème anti-frottement accompagné d'une paire de chaussettes toutes propres. Qu'est-ce qu'on a besoin de plus pour se sentir bien ?!

Et s'il pleut, il va falloir être encore plus précautionneux avec eux. En trail, il n'y a pas grand-chose de plus douloureux que des pieds crevassés après avoir macéré plusieurs heures dans des baskets détrempées par l'eau et la boue. J'ai dû malheureusement supporter cette douleur durant mon deuxième UTMB (170km). Une erreur de jeunesse. Le départ fut donné sous une pluie intense et celle-ci nous accompagna durant les 40 premiers kilomètres. N'étant pas assez expérimenté, je n'avais pas prévu de me sécher les pieds et de changer de chaussettes lorsque que la pluie cessa. Mes plantes de pied commencèrent à chauffer vers le 50eme km. Je ne changeai toujours pas de chaussettes et la douleur s'amplifia pour devenir très douloureuse vers le 80eme km.

Arrivé au ravitaillement, le constat était sans équivoque : Il était trop tard.

Les crevasses étaient bien profondes et je n'avais rien pour les soigner. Il ne restait qu'une seule solution, renfiler les baskets et finir. Endurer cette douleur et avancer tant que possible. Il restait 90km à tenter de maintenir le rythme dans les montées et à négocier les descentes pour limiter les douleurs. 30 heures avec les pieds démolis........c'est long.

Donc, un conseil, chouchoutez vos pieds. C'est une partie très importante de votre corps qui vous transportera vers l'arrivée.

En plus de nos pieds, nous allons profiter de cet arrêt pour badigeonner d'autres zones qui peuvent devenir douloureuses en cas de frottement. Les aisselles, l'entrejambes par exemple sont des parties du corps qui peuvent souffrir d'échauffement cutané. On pourra également recoller des sparadraps sur la poitrine pour éviter toute irritation avec le tissu du tee-shirt. Ces soins sont très importants car toute irritation peut devenir insupportable après plusieurs heures de course. Il faut toujours avoir en tête qu'on n'est pas parti pour 3 bornes. Si ça frotte, ça s'irrite. Si ça s'irrite, ça pique. Si ça pique, ça va faire bientôt mal !

Alors, n'oubliez pas. La crème anti-frottement et 2 ou 3 paires de chaussettes doivent être obligatoirement présentes dans votre sac à dos

La Base de Vie, c'est également un point de recharge des batteries mentales. Une zone où tout peut se jouer, un lieu où on peut s'arrêter ou continuer. Car c'est au ravitaillement que nous allons retrouver les proches qui vont, sans le savoir, jouer un rôle primordial dans la course.

Leurs encouragements sont presqu'aussi importants que la soupe qu'on va ingurgiter. Et même s'ils ne parlent pas, leur présence suffit.

Ils ne le savent pas mais, nous, on compte sur eux. Dans les moments difficiles, quand on ne positive plus depuis bien longtemps, on va aller chercher la motivation qu'il nous faut pour continuer dans les quelques phrases qu'ils vont nous dire. Ça peut être anodin pour eux mais pour nous, ça peut tout changer. Juste nous dire qu'on est dans les temps, qu'on a l'air frais, qu'on remonte dans le classement. Ces quelques mots vont nous booster. A postériori, on se dira qu'ils ne nous ont pas forcément dit la vérité ou, en tout cas, pas tout dit. Mais ce n'est pas grave, ces suiveurs font partie de notre course, de notre victoire. J'ajouterais même qu'ils participent pleinement à notre réussite.

Car, en plus de nous remonter le moral si nécessaire, ils vont faire l'intendance, charger notre sac en flotte, en nourriture, nous donner des vêtements chauds ou secs. Ils vont réorganiser notre sac, vérifier nos batteries de frontale, ils vont aller nous chercher à manger et à boire pendant qu'on se change.

Et toute cette intendance doit se faire presqu'à l'instinct car nous ne sommes plus forcément en état de donner de bonnes indications sur ce dont on a besoin ou ce qu'on souhaite. Ils vont donc prendre les devants en nous proposant des choses et, selon le hochement de notre tête, comprendre que c'est ce qu'on désire ou pas. Les suiveurs doivent comprendre ce qu'on subit, même s'ils n'ont jamais fait ce type de distance, ils doivent nous connaitre assez pour interpréter nos réactions.

C'est pour cela qu'ils sont généralement des proches ou des amis qui nous connaissent bien. Comme déjà démontré précédemment, vous vous doutez que nous avons préparé également ces moments difficiles. Notre suiveur aura été briefé sur les besoins en fonction des ravitos. Des indications qu'il suivra ou adaptera en fonction de la situation.

Ces courageux auront passé des heures à nous attendre, à s'inquiéter car le temps prévu sur telle portion s'allonge. Ils vont tenter d'avoir des infos sur les temps de passage à d'autres points. Ils iront même jusqu'à appeler l'organisation pour savoir si nous sommes toujours en course car on vient de nous annoncer « hors course » (si, si, ça sent le vécu aussi). Ils vont vérifier si on s'alimente bien. Ils iront même jusqu'à nous proposer leur sandwich car il va peut-être mieux passer….

Bref, les suiveurs vont mettre toute leur énergie pour être à notre service sans être récompensés pour ce formidable travail.

Il était donc bien normal de les remercier pour leur soutien à toute épreuve :

Nous avons le mérite d'avoir terminé, ils ont le mérite d'avoir été présents pour nous.

Merci les gars !!

Les ravitos, nous les appelons des bases de vie. Nous sortons d'un sentier, d'une longue période seule et, d'un seul coup, il y a la lumière, il y a du monde.

On se dit : « Ok, on est encore en route, les amis ou des anonymes sont là pour nous encourager. ». Cette dame qui sert depuis des heures des traileurs et traileuses crasseux, puants et qui va vous sortir la petite phrase d'encouragement. Elle l'a déjà très probablement dites des dizaines de fois aux coureurs qui nous précèdent mais on aura l'impression que cet encouragement, il est que pour nous. Et ça, ça fait du bien. Une base de vie comme je vous disais.

Et même si on ne connait personne au ravito, on sait qu'on n'est pas seul, qu'on nous suit. A l'heure d'internet et des réseaux sociaux, ce suivi a explosé et on sait que des personnes à plusieurs centaines de kilomètres de ce fameux point de ravitaillement peuvent t'encourager, te voir, t'écrire. Bref, on n'est plus si seul que cela.

Ces petits bips de notification qu'on entend en sortant du ravitaillement sont comme des petits signes de la main ou des petits « Allez » que tu pourrais entendre d'un supporter le long du chemin. Ce coup de téléphone à 2h du matin par le pote qui s'est levé pendant la nuit car il sait que tu allais probablement être dans la partie difficile de la nuit est le type de petit signe d'amitié qui est loin d'être sans importance pour nous.

Durant une course, j'ai même eu un coup de fil de l'ami d'un pote qui avait obtenu mon numéro de téléphone et qui m'avait appelé. C'était il y a pratiquement 10 ans et je me souviens encore de ses paroles : « Salut Eric, je suis un pote de Ludo. Il nous a dit que tu faisais l'UTMB et il nous a filé ton numéro de téléphone pour qu'on t'envoie des messages d'encouragements. On ne se connait pas mais je t'ai suivi toute ta course. Il te reste 10 bornes, allez, tu seras finisher. Bravo ! ».

Un coup de téléphone venu de nulle part. Juste un moment absolument dingue.

Il est fort probable que ce gars, que je ne connais toujours pas, n'a pas mesuré le bien qu'il m'a fait à ce moment-là.

De temps en temps, cette « présence » peut mettre une pression supplémentaire. Mais à bien peser le pour et le contre, finalement, continuez comme cela.

Ça fait un bien fou.

Encore 500m et c'est le ravito

Phrase pleine d'espoir pour l'ultra traileur !!
Comme expliqué précédemment, les ravitos sont des bases de vie et, de ce fait, ils sont attendus avec impatience. Il faut donc que les informations qu'on nous donne à l'approche de ces zones soient les plus précises possibles.

C'est vrai que ce petit encouragement peut sembler sans importance pour le spectateur, le proche ou le bénévole qui nous annonce qu'on s'approche de la zone de ravitaillement, mais pour nous, c'est cette phrase qui va enclencher le décompte.

Le décompte de chaque pas, chaque mètre qui va nous rapprocher de cette zone de confort et de réconfort. Cette petite parenthèse tant attendue où on va s'occuper de nous.

Sachant que nous allons décompter chaque mètre parcouru, nous allons très bientôt nous apercevoir que l'information était erronée. Et là, je peux vous assurer que les oreilles de l'annonceur vont siffler. Car, c'est un des pires encouragements si celui-ci n'est pas précis. On va pester tout au long des quelques dizaines ou centaines de mètres supplémentaires comme si ceux-ci venaient s'ajouter au kilométrage final.

Mais rassurez-vous, nous ne sommes pas dupes. Il est très courant que ces 500m ou ce kilomètre ont été mal estimés. La plupart du temps, sous-estimés d'ailleurs mais on espère quand même toujours qu'il n'y a pas d'erreur !

Maintenant, nous sommes à l'air du GPS et nous avons des informations plus précises. Il est plus facile pour nous de prévoir le ravito, connaitre la distance et le dénivelé restants.

Cet avantage technologique nous permet de préparer ce ravito. Si on veut gagner du temps en prenant un ravito light et rapide, on va profiter des quelques mètres restants pour s'alimenter en vidant un bidon ou en terminant une barre énergétique. On peut également s'organiser en sortant un vêtement qu'on va enfiler rapidement au chaud. On peut aussi prendre ce temps restant pour vérifier le kilométrage pour le prochain ravito afin de savoir ce qu'on va emporter au poste de ravitaillement.

Mais il fut un temps où la seule chose qui s'affichait sur notre montre était l'heure et un chrono. A cette « époque », nous n'avions pas forcément non plus le profil de course et il était courant que le kilométrage total annoncé entre les ravitos était très approximatif. Nous pouvions donc tomber par surprise sur le ravito ou l'attendre pendant de longues minutes.

C'était encore plus compliqué de calculer l'heure approximative d'arrivée au ravito car nous ne connaissions pratiquement pas notre vitesse de progression entre les ravitos. Les seules informations que nous pouvions avoir étaient celles annoncées par les signaleurs ou spectateurs. Et forcément, ces informations n'étaient pas beaucoup plus précises qu'à l'heure actuelle.

Bref, cette information est extrêmement importante d'abord mentalement et, deuxièmement, pour notre logistique.

Alors pensez-y lorsque que vous l'annoncerez

Ça va ?

Quand tu as la chance de participer à un ultra avec un pote, cette phrase va être répétée plusieurs dizaines de fois. Variablement par toi au par le camarade de jeu.

Et ces 2 petits mots suivis d'un point d'interrogation qui questionnent votre compère ont deux objectifs.

En priorité, pour prendre des nouvelles du camarade qui est juste derrière ou devant toi.

Et en second, lorsque cela fait un bon bout de temps que tu es en route, pour te rassurer un peu sur le fait qu'il est peut-être aussi entamé que toi sur cette portion.

Oui, parce qu'il faut savoir que c'est tout aussi rassurant de savoir que ton pote est bien car tu pourras mettre une louche de plus (aller un peu plus vite) que sur le fait qu'il est dans le même état de fatigue que toi.

Chacun va donc constamment, prendre des nouvelles de l'autre pour savoir s'il est possible de mettre une louche en plus ou s'il faut baisser d'un cran. L'objectif étant toujours de rester à deux.

Progresser avec quelqu'un est un exercice difficile car nous avons toutes et tous notre vitesse de progression propre qui fluctue en fonction de notre état de fatigue et du profil de la course. Ton binôme est peut-être plus rapide que toi sur certaines portions qui lui conviennent mieux ou tout simplement, il sera en meilleur état physique que toi à ce moment-là de la course.

Et on sait également très bien qu'on aura des moments dans le dur et d'autres où on va devoir mettre un cran de moins car le pote n'est pas bien. Ca n'est pas très grave, le principal est de passer la ligne ensemble.

On va se renseigner s'il n'a pas de petit bobo, voir si la fatigue n'est pas très voire trop, avancée car c'est dans ces moments-là qu'une chute ou une blessure est vite arrivée.

Le rôle du binôme va également être de supporter le pote qui est en détresse. Trouver les bons mots pour le relancer. Lui parler pour le garder réveiller s'il est en état de grande fatigue. Patienter le temps qu'il se repose ou dort en cas de nécessité.

On va partager ces moments avec lui en espérant qu'il se remette en route tout en espérant ne pas être le prochain.

On dit souvent que seul on va plus vite et à deux on va plus loin. Mon expérience vous confirme cette phrase mais j'y ajouterai qu'à deux, on s'en souvient plus longtemps.

Ces souvenirs partagés qui vont s'estomper au fur et à mesure des années et, un jour, ton pote ou ton amie te rappellera cette fameuse petite anecdote.

Et on s'écrira :

« Ah ouai, c'est vrai. Je ne m'en souvenais même plus. »

Mais avant d'avoir ces fameux souvenirs partagés il va falloir passer par la case départ et la case arrivée avec, entre ces 2 cases, de longues périodes de silence car passé quelques heures de course, on n'aura plus grand-chose à se dire. On lèvera les yeux ou on se retournera pour voir si le pote est toujours avec.

Et ce silence sera rompu par les 2 petits mots les plus importants du moment : « Ça va ? »

Houlà,
je commence à voir de drôles de trucs

Les fameuses hallucinations, ces choses un peu bizarres qui apparaissent souvent durant la deuxième nuit et qui semblent si réelles mais, souvent, d'une absurdité surprenante.

C'est d'ailleurs cette absurdité qui vous fait revenir à la raison si vous êtes encore assez éveillé pour le faire.

Ces premières hallucinations vont débuter lorsque vous commencez à être en manque de sommeil. Plus de 24h de course, une nuit qui s'installe et il suffit que vous vous retrouviez un peu seul pour que les premiers signes apparaissent. Ça commence généralement par des formes qu'on aperçoit alors que ce ne sont que les ombres produites par la lumière de votre lampe frontale. Pour ma part, généralement, ce sont très souvent des visages, des têtes de statues ou des cranes.

Ensuite, vous allez commencer à voir des trucs complètement fous.

Ayant lu des récits de coureurs, je savais que ces hallucinations faisaient partie des nuits des traileurs.

Ce qui est le plus formidable, c'est que lorsque l'hallucination vous surprend, vous faites un constat bizarre sur ce que vous venez de voir et vous vous posez des questions. Mais ces questions ne portent pas sur le bienfondé de ce que vous avez vu mais plutôt pourquoi ce que vous avez vu ou entendu est si bizarre.

Pour vous expliquer ce qui se passe dans notre tête, je vais vous donner quelques exemples personnels.

Il m'est arrivé d'entendre le bruit d'une radio mal réglée. Je croyais qu'il y avait une zone de ravitaillement et je ne comprenais pas pourquoi cette musique ou ce bruit de fond qui semblait si proche ne me faisait pas déboucher sur un ravitaillement. Et surtout, pourquoi l'animateur ne réglait pas mieux sa sono. Je constatais quelques minutes plus tard que le bruit de radio était, en fait, le son de la rivière coulant juste à côté du chemin.

Une autre fois, en balayant l'obscurité avec ma frontale, j'ai vu, à une vingtaine de mètres de distance, un banc d'environ 6 mètres de long avec des jeunes dames habillées en blanc avec un gros nœud papillon orange. Très surpris sur le coup, j'ai de nouveau éclairé ce coin et ce n'était, en fait, que des rochers.

La même nuit, arrivé en haut d'une montée, ma frontale m'a éclairé un panneau orange avec deux gros poteaux gris. Ce panneau avait la forme d'un poisson. J'en ai donc déduit que j'arrivais dans une poissonnerie. Ce qui est encore plus aberrant fut que je ne me suis pas tout de suite dit que j'avais une hallucination. Non, j'ai d'abord trouvé bizarre d'installer une poissonnerie à 2000 m d'altitude. Quelques secondes plus tard, je revenais un peu sur terre en comprenant ce qui m'était arrivé. Il s'agissait d'un concurrent habillé d'un collant gris et d'une veste orange qui était en train de faire son lacet. Les deux jambes grises correspondaient aux poteaux du panneau et la personne recourbée sur le côté devait très probablement représenter une forme de poisson. Le tout assemblé ressemblait à un panneau donnant la direction d'une poissonnerie.

Une nuit, il devait être vers les 5 heures du matin. La nuit se terminait et je quittais un ravito pour attaquer une longue montée de 800m de dénivelé positif. L'entame de la montée se faisait par un petit sentier jonché de rochers blancs qu'il fallait enjamber ou contourner. Je m'aperçus assez rapidement que ces rochers étaient décorés de petits dessins enfantins. Je voyais des maisons, des personnes, des grues. Et je me disais que les enfants du coin avaient dessiné sur les rochers pour nous encourager. Je trouvais cela vachement sympa avant de me dire que c'était quand même bizarre. Je m'arrêtais donc et frottais avec la main sur les rochers pour constater que finalement, ce n'était que de la poussière. Ok, je comprends donc que c'est une hallucination et qu'il n'y avait rien. Je reprenais donc mon ascension et le phénomène se reproduisit quelques minutes plus tard. Sur ce deuxième coup, je ne fus pas dupe et je continuais mon chemin sans regarder ces jolis petits croquis. Sur cette même montée, je n'ai pratiquement aucun souvenir de la fin de l'ascension. Les seules images dont je me souvienne sont très vagues. Il faisait très brumeux et nous étions passés au-dessus d'une barrière. Ce n'est que quelques années plus tard, en passant au même endroit mais en étant beaucoup plus réveillé que je reconnu la zone et pu enfin voir par où j'étais passé.

Il faut savoir qu'outre le fait de voir des choses un peu bizarres, nous pouvons avoir également des trous noirs durant lesquels nous n'aurons pratiquement aucun souvenir ou, si nous en avons, sont entourés de choses qui peuvent faire penser à un rêve. Il est courant de s'apercevoir après course qu'on a très peu de souvenir d'une partie de la nuit. C'est dans ces moments-là qu'il faut réagir en se reposant car cela devient dangereux surtout si on est seul. S'arrêter, sortir la couverture de survie, s'emballer et dormir ¼ d'heure le temps de recharger les batteries. Et ensuite, on repart.

Le dernier exemple fut en plein jour, en fin de matinée. Après près de 40h de course. Durant la fin de la dernière montée, je fus surpris par la présence d'un point de vente touristique avec des tables en bois. Le style de table où tu peux acheter des petits objets souvenir. Et cette zone touristique se transforma sous mes yeux en rochers. Bref, il n'y avait pas de table et encore moins de touriste. Juste quelques traileurs épuisés qui tentaient de rallier l'arrivée.

Voilà quelques exemples de choses incroyables qui peuvent agrémenter une nuit d'un traileur.

Rassurez-vous, même si vous vous y préparez en vous disant que s'il y a un truc bizarre, c'est une hallucination. Au moment où cela se produira, cela vous semblera complètement réel mais peut-être un peu absurde.

La meilleure solution pour éviter ce type de mésaventure ou de surprise est de dormir bien évidemment. Oui, mais comment ?

L'idéal étant de programmer des micro-siestes. Celles-ci doivent être bien organisées à des moments de course où vous savez que vous serez assez fatigué pour vous endormir rapidement et que l'environnement ne sera pas trop bruyant. On revient toujours à une bonne étude du parcours.

Pour les avoir déjà pratiqués, ce type de petite coupure de 15 minutes est extrêmement bénéfique. Cela peut vous remettre d'aplomb pour plusieurs heures. J'ai cru longtemps que ces siestes étaient une perte de temps. Je suis d'un avis contraire maintenant. Dormez, pas longtemps mais dormez.

Si, par malchance, vous sentez que vous allez bientôt succomber aux bras de Morphée entre deux ravitos et qu'il devient vraiment nécessaire de fermer les yeux quelques minutes, trouvez-vous un petit coin plus ou moins confortable (l'idéal étant de ne pas dormir à même le sol car vous allez très rapidement avoir froid), sortez la couverture de survie et pensez à mettre une alarme. Si vous êtes très fatigué, le sommeil arrivera très rapidement. Il est très courant de voir des concurrents dormir le long des chemins durant la nuit, et même en pleine journée.

Une autre technique si vous commencez à vraiment avoir beaucoup de problèmes de fatigue ou plus aucune envie d'avancer durant la nuit mais qu'il vous est impossible de trouver un endroit pour vous assoupir, c'est qu'il est temps de « prendre le bus ». La nuit, beaucoup de coureurs avancent en groupe. Le premier donne le rythme et les suivants s'accrochent à la vitesse imposée par le premier. Donc, si vous êtes assis à ruminer sur un rocher, vous allez très certainement voir arriver une guirlande de frontales. On va très probablement vous demander en passant si ça va. Vous répondrez d'un petit « oui » et le bus de frontales va passer devant vous, une frontale à la fois. A un rythme lent car c'est généralement en montée.

Vous regarderez passer ce fameux bus en vous disant que vous allez choper le dernier « siège » afin qu'il vous amène quelques kilomètres plus loin.

Ce bus va se remplir ou s'alléger en fonction de chacun. Vous resterez accroché à votre prédécesseur aussi longtemps que possible en ne pensant à rien d'autre que de rester dans ce bus. D'ailleurs, il est également possible qu'à un moment donné vous sautiez du bus.

Pas grave, vous attendrez le prochain….

Donc, ne surtout pas attendre trop tard que la fatigue s'installe car vous risquez bien d'utiliser la petite phrase du chapitre suivant !

Je suis au fond du trou
J'suis carbon

Voilà deux phrases qu'on espère ne jamais penser ou dire à haute voix.

Deux phrases qui semblent signifier la même chose mais qui sont quand même très différentes. Et je vous confirme qu'il vaut mieux être au fond du trou qu'être carbon.

La première signifie que vous êtes mentalement dans le creux de la vague, la motivation a disparu et vous êtes dans une phase très négative.

Car les courses d'ultra, en plus d'être généralement vallonnées d'un point de vue parcours, vont l'être également d'un point de vue mental.

Pour moi, comme pour beaucoup d'autres participants, le déroulé de la course va être une montagne russe physique, émotionnelle et mentale. Une fois tout en haut et une fois tout en bas. Le moral va faire le yoyo passant de l'euphorie à la détresse.

C'est d'ailleurs une des nombreuses causes d'abandon après la mi-parcours. Lors d'un période de moral à zéro, l'abandon est vraiment proche.

Quand on se retrouve dans cette situation, c'est le moment où il va falloir puiser dans tout ce qui pourra nous faire remonter à la surface.

Le problème, c'est qu'on ne sait pas comment et quand car les clés pour pouvoir sortir la tête hors de l'eau peuvent être différentes en fonction du moment ou des conditions de course et, forcément, nous ne les connaissons pas. Cela serait trop facile !

Les vieux ou, plus sportivement parlant, les expérimentés disent :

« Quand ça ne va pas et bien alimente-toi, et patiente. Si pas de bobo, tôt ou tard, ça va se remettre en route. »

Et la patience, il va falloir en avoir. Il m'est déjà arrivé de patienter tout en continuant à avancer pendant plusieurs heures avant que la situation ne s'inverse.

Aussi bizarre que ça puisse paraître, il ne faut pas grand-chose pour que cela se remette en route…..un déclic tel qu'un ravito qui se déroule bien, un pote ou ta femme qui t'appelle, une montée qui se grimpe plus facilement, une portion de course moins difficile et, d'un seul coup, la machine se relance.

On le sent presqu'instantanément, le moral remonte, on commence de nouveau profiter du paysage, les discussions refont surface alors qu'il y a bien longtemps qu'on n'avait plus desserré les dents, on rigole même. Bref, c'est reparti. Ces fameuses montées qui semblaient insurmontables commencent à s'enchainer sans trop de difficultés. Tu te surprends même à apprécier ce moment.

Par contre, il faut toujours être très vigilant quand on se trouve tout en haut de la montagne russe. On est euphorique, on s'amuse. C'est à ce moment-là qu'il faut prendre du recul et se calmer. Si cette euphorie n'est pas bien gérée, elle sera de courte durée car la fatigue liée à l'allure trop rapide va se faire ressentir aussi rapidement que l'arrivée de l'euphorie et c'est reparti pour une longue période au « fond du trou », voire pire.

Il m'est arrivé, à une occasion, de mal gérer ce moment. 5km de montée à tirer très fort car j'étais vraiment bien. Presque plus de douleur, presque

que du bonheur. Ok, sauf que 10km après, je sautais et je mettais beaucoup de temps à reprendre un rythme de croisière.

Bref, je me répète mais patience et gestion sont les maîtres mots de ce type de course longue distance.

Pour la deuxième expression, cette petite phrase va très souvent être utilisée en fin de course, dans le dernier tiers de la distance.

Et elle n'est pas limitée aux longues distances. Vous pouvez très bien la retrouver sur un dix bornes, un semi, un marathon et toutes les distances qui sont supérieures. La seule différence, et elle a son importance, c'est la distance qu'il vous restera à faire en étant « carbon ». On va dire que jusqu'au marathon, on peut parler en minutes. Pour les distances supérieures, on va assez vite compter en heures. Et oui, la distance pour rejoindre l'arrivée va s'allonger proportionnellement à la distance de la course.

Si vous n'avez plus de jambe et si vous êtes sur un parcours vallonné, les montées vont être fastidieuses et je ne vous parle même pas des descentes qui vont être très douloureuses.

Pour faire simple, si vous êtes cramé sur un ultra, et bien, dites-vous tout de suite que la journée ou la nuit voire les deux, vont passer très doucement, très très doucement, trop doucement.

Mais garder toujours à l'esprit que malgré ce moment difficile, il faut continuer à avancer, coûte que coûte. Malgré la douleur, la fatigue, le seul objectif est l'arrivée. Les autres concurrents sont ou vont probablement passer par les mêmes stades alors, quoi qu'il arrive, il faut mettre un pas devant l'autre et terminer cette p…….. de course ! Donc, si vous avez encore assez de motivation pour continuer à avancer, il est fort probable que vous allez mettre le cerveau en mode déconnexion. Technique très connue des coureurs d'ultra.

D'un point de vue technique, on va donc entrer dans notre bulle et n'avoir qu'un seul enjeu : mettre un pied devant l'autre aussi longtemps que l'on peut. Le plaisir a disparu depuis bien longtemps quand on arrive à cette situation de course

Au niveau du visage, cette technique mise en place se constate un peu également car généralement, ce mode s'accompagne de l'absence totale de contraction des muscles du visage, en particulier des zygomatiques.

Notre faciès de marbre et amorphe n'indique pas que nous faisons « la gueule ». Non, c'est une technique d'économie d'énergie !

Trêve de plaisanterie, on ne s'économise plus car, de toute façon, on n'a plus rien à économiser. Les batteries sont à plat.

Pour rajouter une couche à cette situation, sachez que cet état peut même arriver bien avant le dernier tiers de course.

Et là, ça devient très compliqué……

Tant que j'avance,
je me rapproche de l'arrivée

Parmi les nombreuses ritournelles qui font le fil rouge de ce petit recueil, celle-ci fait partie de celles qu'on se dit intérieurement. Ces quelques mots qui resteront et qui tourneront en boucle dans notre tête durant ces grands moments de solitude.

Cette phrase incitative m'oblige à continuer, à avancer. Elle m'empêche de m'assoir, de baisser les bras. Et même si je pose mon derrière sur un rocher, cette phrase va venir me mettre un gros coup de pied sur ce qui vient de se poser pour me remettre en route.

D'un point de vue chronométrique, c'est très basique mais chaque arrêt non nécessaire ralentit votre progression vers l'arrivée.

Ces pauses durant lesquelles on se prend la tête entre nos mains en se rabâchant que c'était pas une bonne idée de venir, que c'est trop dur, qu'on ne s'inscrira plus jamais à des trucs pareils et, finalement, à quoi bon se faire tant mal ne servent à rien. Tout ce temps passé à ruminer des idées noires ne nous aidera pas car nous aurons toujours autant de zones douloureuses lorsque nous nous reprendrons notre chemin. Et il y a une chose à garder absolument à l'esprit, cet arrêt vous obligera à être d'autant pas de temps en course.

Ce qui veut dire que la douche salvatrice et la sieste de fin d'épreuve se décaleront de plusieurs dizaines de minutes si on cumule le temps de tous les arrêts effectués durant la course.

Alors à quoi bon, s'assoir. Il faut repartir, se forcer, remettre un pied devant l'autre et tant que j'avance, l'arrivée se rapproche.

C'est à ce moment-là qu'il faut relancer la machine, refaire un peu de course à pied pour reprendre du rythme. Et si le rythme revient, le moral avec.

Lève ton cul et vas-y. Personne ne sera là pour te porter, tu es seul à avoir les moyens de continuer et tes moyens ce sont : ta tête, tes bras et tes jambes.

Alors, relève la tête, enfile les bâtons et remets un pied devant l'autre. Il faut repartir impérativement.

S'obliger à ne pas s'arrêter pour rien est également un bon moyen pour remonter dans le classement. Même si ça n'est pas un objectif en soit, on sait que chaque personne doublée est une personne derrière nous sur la liste des finishers. Alors, doubler quelqu'un sans trop d'effort, c'est toujours ça de gagné et plus facile que de se battre contre un gars qui avance à la même vitesse que vous.

Il en va de même pour les arrêts ravito. Ces arrêts obligatoires pour s'alimenter ou se changer doivent se faire de la manière la plus organisée pour gagner un maximum de temps ou, plutôt, en perdre un minimum. Donc, il ne sert à rien de se poser pendant 20 minutes pour taper la discute avec le voisin et lui demander comment va sa course. De toute façon, il est probablement dans le même état que toi. Il faut s'alimenter, se changer si nécessaire et repartir rapidement sur le chemin ou la route. On peut reprendre beaucoup de places dans le classement de cette manière. C'est toujours ça de pris.

Comme expliqué précédemment, la seule pause un peu plus longue à s'accorder sera pour dormir si c'est nécessaire ou si c'est programmé car nous savons que cette pause nous fera gagner du temps plus tard.

Alors, la seule chose à penser durant ces longs kilomètres : avancer, coûte que coûte.

Pas forcément très vite mais ne jamais s'arrêter pour rien.

Enfin, si, certaines pauses s'imposent quand même. Le trail nous permet d'évoluer dans un environnement généralement magnifique. Que ce soit dans les Ardennes, à la mer ou en montagne, il y aura peut-être un beau lever ou coucher de soleil, une formidable vue panoramique ou une photo souvenir avec le camarade de jeu. Ces beaux instants vaudront vraiment le coup de faire un petit arrêt pour immortaliser le moment.

On n'est quand même pas des bêtes hein !!

1 pas à la fois,
1km à la fois,
1 ravito à la fois

Celle-là, je l'ai piquée à mon pote JB. Le gaillard qui ne perd jamais le moral. Un grand sage devant l'adversité.

Bien à l'inverse de moi car j'ai tendance à vite raller. Lui, ne s'énerve pas, ne dit rien sauf :

« 1 pas à la fois, 1 km à la fois, 1 ravito à la fois. »

De ce que j'ai déjà vu ou vécu, il y a deux manières de concevoir mentalement une course ou un trail long.

La première est celle que mon pote JB applique. La deuxième est celle que j'emploie. Les deux approches sont très différentes mais avec toujours la même finalité : terminer.

JB va se dire que chaque km passé est un kilomètre de moins à faire. Il considère que chaque pas est un palier de plus vers la prochaine escale. Que lorsque vous partez d'un ravito, la prochaine étape sera le ravito d'après. En course sur route, on appelle ça la méthode Cyrano.

Le principe de cette méthode est de se donner un objectif proche et ne pas viser la fin de la course qui peut être lointaine, surtout au départ !!

Pour une épreuve sur route, cette méthode s'applique de cette manière :

on tronçonne l'avancée en temps couru et marché. Par exemple, en début de course, on va appliquer le 29'/1'. 29 minutes courues et 1 minute marchée. Cette minute nous permettra de nous ravitailler. La minute passée, on repartira pour 29'. Cette manière de gérer une course longue permet de rester toujours dans une vision à court terme. Psychologiquement c'est très différent que de repartir pour 50, 60 ou 80km.

En trail, c'est plus compliqué à appliquer car le terrain ne permet pas de faire des coupures régulières et réglées. On va donc viser le prochain ravito, cette approche permet de garder un moral stable.

Selon le profil et le parcours, on peut également le tronçonner par portion. Une montée et une descente à la fois. Même principe mais on travaille par difficulté. C'est pour cela qu'il faut toujours bien étudier le profil d'une course.

Moi, je suis plutôt de la deuxième manière d'appréhender ma progression et je pense qu'elle est liée à mon passé de coureur sur route. Ce passé où le chrono était très présent avec estimation de temps final en fonction de l'avancée dans le kilométrage. Je vais donc régulièrement calculer le temps ou le kilométrage restant. Je vais également constamment calculer mon allure.
Ça n'est pas toujours la meilleure chose à faire. Je tente de réagir comme JB mais mon naturel revient toujours un peu à la surface.

Il faut savoir que pendant la course, vous allez peut-être basculer de l'une à l'autre en fonction de votre niveau du moment. Tant que ça va bien, on calcule par tronçon. Quand ça devient compliqué, on va commencer à regarder le kilométrage restant. Cela va d'ailleurs, peut-être, vous enfoncer encore plus dans le trou.

Avant, nous n'avions pas le même type de souci car nous ne savions jamais combien de kilomètres il restait. On pouvait avoir une vague estimation mais sans plus. Maintenant, avec ces "fichues " montres, on sait tout. On sait à quelle allure on avance, on connait le kilométrage et le dénivelé restant. Ça peut être un bon allié comme je l'ai déjà dit mais ça peut devenir un mauvais partenaire si vous vous focalisez trop sur ces données.

Me connaissant, j'essaie donc de limiter mon accès à toutes ces informations en modifiant les données affichées sur ma montre. Sur le dernier UTMB, je n'affichais que le kilométrage pour connaître la distance restante pour le prochain ravito et l'altitude pour pouvoir estimer le nombre de mètres de dénivelé restants avant le haut de la côte. L'heure était affichée sur un autre cadran afin que je ne puisse pas calculer ma vitesse de progression. Bon, je dois avouer que je ne pouvais m'empêcher de cliquer, de temps en temps, sur le petit bouton de gauche de ma montre afin de voir l'heure et de faire un rapide petit calcul de vitesse moyenne.

Chassez le naturel. Il revient au galop !

En conclusion, autre gros principe de l'ultra :
« Pour pouvoir tenir le coup psychologiquement, tronçonnez. »

Ça n'est pas une technique de bûcheron, c'est juste une méthode pour se motiver. On ne calcule le kilométrage restant car c'est très souvent peu motivant. Par contre, on va travailler par tronçon entre chaque ravito et en se disant que le prochain point « d'arrivée » sera le prochain ravito qui se situe à quelques kilomètres, ou quelques heures. Chaque étape est une petite victoire pour obtenir la grande victoire qui est le passage de la ligne d'arrivée. Mais, pour cela, il va falloir enfiler les kilomètres comme des perles sur un fil, un à la fois et toujours avancer quoi qu'il arrive.

Faut rendre à César, ce qui est à César, le « 1 pas à la fois, 1km à la fois, 1 ravito » est le leitmotiv de mon ami JB.

La course n'a pas encore commencé.
Ce n'est que l'échauffement

Deux phrases d'une grande sagesse et qui complètent le maître-mot « Tranquille » expliqué précédemment. Car il est impératif d'évoluer sagement sur les premières dizaines de kilomètres.

On sait que si on ne respecte pas cette sagesse, il y a de fortes « chances » que la fin de course soit très pénible. Au pire, impossible.

On apprend, avec l'expérience, que le chrono se met en route au moment du départ. Mais la course, elle, n'arrive que bien plus tard.

A toute personne qui me questionne sur l'allure qu'elle doit imprimer au départ de la course, j'ai l'habitude de dire qu'il faut être prudent car la course ne débute réellement que dans le dernier tiers de la distance.

Les deux premiers tiers, ce n'est que l'échauffement. Mais c'est là où tout peut se perdre ou se gagner. Beaucoup de gens pensent, à tort, que tout ce qui est pris en début de course est gagné pour la suite.

J'ai tendance à penser le contraire. Je dirais même que le temps gagné en forçant sur la première moitié de course se perd au double sur le dernier tiers.

Pour vous expliquer plus clairement ma pensée, je vous donne un petit exemple :

Vous voulez faire 12h sur 100 bornes sur route. Le temps de passage à mi-course est donc de 6h. Si vous voulez gagner du temps, vous passerez probablement la mi-parcours en 5h40 soit 20 minutes plus rapide que la moyenne. En faisant un peu de math, 20 minutes divisées par 50km, ça fait 24 secondes au kilomètre. Ce qui veut dire que vous allez devoir courir à 10.7km/h de moyenne soit 0.7km/h plus rapide. Désolé pour ce petit moment de calcul mais je peux vous assurer que, à moins de s'être fixé un objectif trop faible et que vous valez bien mieux que 12h sur 100 bornes, vous allez finir les 40 derniers km à 8.5km/h de moyenne. Et vous terminerez très péniblement en 12h20 voire bien plus si le moral est au fond des baskets.

Sur un 10 bornes, si vous craquez, il reste 3 bornes, sur un semi il reste 5 ou 6 km. Mais sur un 100km, il vous reste pratiquement un marathon. Imaginez-vous vous retrouvez sur la ligne de départ d'un marathon alors que vous n'avez déjà plus rien dans les quilles, autant dire que le marathon va être très long.

Il faut donc absolument partir doucement et si on sent qu'on augmente son allure, il faut immédiatement ralentir et se recaler au bon tempo. Ne pas se laisser emporter par l'euphorie du moment, par les autres concurrents qui vous dépassent. L'allure doit être réglée comme du papier à musique et même si vous vous sentez bien, vous ne mettez pas le cran de plus qui vous fera sautez quelques dizaines de kilomètres plus tard.

Cette allure aura d'ailleurs été calibrée tout au long de la préparation. Toutes ces sorties longues doivent se dérouler à la même allure que celle prévue le jour de la course. Le corps se sera habitué à cette vitesse spécifique et fonctionnera de manière économique à ce rythme.

On ne joue pas au savant sorcier sur ce type de distance.

J'ai en mémoire mon premier 100 km où j'avais cette impression de devoir freiner constamment pour ne pas m'emballer, ne pas mettre le cran de trop. J'étais passé au 50km en 5h20 et j'avais réalisé le deuxième 50 en 5h. Un negativ split sur un 100 bornes. Quel pied !!

Mettre le clignotant à droite

Citation connue et surtout redoutée de tous les coureurs ou traileurs.

Celle-ci signifie tout simplement que c'est l'heure de l'abandon. Abandon qui peut être physique ou mental.

Quelques soit le type d'abandon, ce sera le moment de rendre le dossard, d'annoncer au signaleur au poste de ravitaillement que, bin voilà, c'est fini. L'aventure s'arrête là. Tu ne seras pas finisher.

On sait qu'on va nous féliciter, que c'était déjà pas mal d'être arrivé là, que c'est une belle performance. Ouai, on sait mais nous on voulait finir. Et même si vous allez essayer de nous remonter le moral, sachez que pour nous....c'est un échec.

Il faut savoir que tout abandon est rarement le fruit du hasard ou c'est vraiment un coup de pas de bol. La plupart du temps, il y a une raison que vous devrez identifier pour ne plus la reproduire. Vous devrez apprendre de chaque abandon.

Je pense que j'ai eu deux abandons dans ma carrière d'ultra traileur.

Le premier, ce fut sur mon premier ultra. Tant qu'à faire, vaut mieux tout de suite rentrer dans la réalité vécue par 30 à 40% des concurrents qui prennent le départ d'un ultra. Abandon au 54ème km sur 100.

Pourquoi cet abandon ?

Après réflexion, c'est extrêmement simple : pas préparé mentalement à ce rythme et à ce terrain.

Moi qui venais de la route, je suis passé de 14 à 4 km/h.

Je n'étais pas préparé à ce choc. Une vitesse trois fois et demie plus lente que d'habitude. Et ces kilomètres qui ne défilaient pas sur ce terrain si technique, trop technique pour un novice comme moi. Ce n'était pas la faute des organisateurs, c'était la mienne. Je pensais que 100km en trail c'était presqu'aussi « simple » que sur la route. Voilà, cet abandon m'a permis de comprendre et d'apprendre que la vitesse de progression en trail ne doit pas être abordée de la même manière. Qu'il faut savoir être patient.

Cet abandon m'a également fait comprendre que l'apprentissage de l'ultra-fond doit se faire par palier. Ne pas viser tout de suite trop haut et se fixer des objectifs atteignables qui vous motiveront pour tenter un nouveau palier supérieur.

Ces étapes vous permettront d'apprendre, de vous forger cette expérience nécessaire pour que tout se passe comme sur du papier à musique.

Trop de personnes veulent aller très vite vers l'ultra mais s'y cassent les dents et sont dégoutées. Prenez votre temps. Il faut apprendre.

Le deuxième abandon, une entorse. Vous allez me dire que ce n'est pas de bol. Et bien, en réfléchissant un peu, pas tout à fait. L'entorse est arrivée après 2km de course. J'avais cette sensation d'endormissement, de ne pas être réveillé. Donc, moins vigilant.

Et ouai mon gars. Tout compte fait, cette entorse, c'est peut-être un peu de ta faute quand même. Le départ était donné à 5h du matin. Et comme Eric aime bien dormir, il s'est levé à la dernière minute. Donc, pris le départ encore à moitié dans le cirage. Manque de vigilance, pas dans le coup, et patatras.

Pour ceux qui abandonnent sur problème gastrique. La raison est pratiquement toujours liée à l'allure de début de course.

Cette allure trop rapide dès le départ épuise votre organisme qui vous le fera savoir un peu plus tard en course.

C'est pratiquement systématique, ces problèmes gastriques vont débuter après une dizaine d'heure de course. Le corps va se mettre en alerte et vous informera qu'il va falloir attendre, baisser le rythme et espérer que cela se remette en route. Sachez que si cela vous arrive, ça prendra quelques heures. Et oui, tout ce qui est gagné au départ peut très vite se perdre.

Et si l'envie de stopper en course commence à vous trotter dans la tête, remobilisez-vous car on n'abandonne pas si on n'est pas blessé. Je dis toujours que l'abandon n'est pas une option.

Appliquez une des règles que j'ai apprises des vieux briscards :

-Si ça ne va pas, il faut attendre et tôt ou tard, ça va se remettre en route.

Si vous ne vous êtes pas préparé à ces moments difficiles vous risquez de baisser les bras et d'abandonner.

J'ai déjà passé de nombreuses heures ou le statut de « en course » pouvait basculer à tout moment vers « abandon ». Dans ces moments-là, il faut prendre le taureau par les cornes et se battre. Il m'est arrivé sur l'UTMB où des problèmes de pied m'ont fait entamer une galère de près de 90km soit une bonne trentaine d'heures durant lesquelles j'aurai pu déposer le dossard à tout moment. La seule solution que j'avais trouvée était de me parler tout haut. Un peu bizarre pour les concurrents que je croisais mais c'est le seul truc que j'avais trouvé.

Je me disais, d'une manière très égoïste, que cette course était la mienne. Que je courais toujours pour partager avec les amis mais, celle-ci, elle n'était que pour moi. Que si je la finissais, c'était uniquement grâce à moi. Point de vue du moment très nombriliste quand on y réfléchit bien…..

Je me disais également que si je déposais mon dossard, j'allais être le plus heureux du monde sur le moment car ça serait enfin fini mais je savais que quelques minutes plus tard, je serais le plus malheureux du monde car j'aurais perdu.

Et, finalement, ça a marché car j'ai rejoint l'arrivée. Tardivement, mais j'étais finisher

Sachez quand même que tout peut se remettre en route en un rien de temps. Une discussion avec un pote, un bon ravito, au coup de téléphone….

Bref, une chose qui peut sembler insignifiante mais qui rallumera la flamme qui est en vous.

Je pense que c'est peut-être de cela dont on peut être le plus fier lorsqu'on arrive à franchir la ligne d'arrivée après toutes ces heures à flirter avec la table des abandons.

Ça pousse !!

Bon, on va rentrer d'emblée dans le vif du sujet pour cette phrase. Sur un ultra on ne fait pas que courir et manger. Nous avons également besoin de passer par le petit coin. L'idéal étant que ce passage soit voulu mais ça n'est pas tout le temps le cas. On ne pourra pas forcément choisir le moment et l'endroit.

Commençons par les petits ou grands besoins programmés. Pour les petits besoins, facile pour les hommes, plus compliqué pour la gente féminine. On va profiter de ce petit pipi pour surveiller la couleur de l'urine. Si trop jaune (des fois même limite orange), il va falloir boire pour revenir à une urine claire. Et oui, important de vérifier si votre hydratation est bonne. Et cette méthode est la plus facile à appliquer !

Pour les gros besoins programmés, on va essayer de les faire dans une zone de ravitaillement où tout est prévu pour que vous « procédiez » dans de bonnes conditions.

Point important, sachez que ces petits coins peuvent être très encombrés, surtout en début de course où le peloton ne s'est pas encore assez étiré. Ne calculez pas trop juste et anticipez un peu pour ne pas devoir attendre devant les toilettes avec « le chocolat au bout des lèvres » comme diraient certains ! Oui, je sais, ça sent le vécu….et je ne dois pas être le seul.

Je pense d'ailleurs que certains organisateurs sont un peu sadiques et aiment bien nous faire des surprises car il m'est arrivé de me retrouver, en ouvrant la porte des commodités, devant des toilettes turques. 100 bornes dans les pattes, les cuisses en vrac. Houlà, tu te dis que ça va être un peu galère pour descendre et se mettre en position. Et la remontée ne va pas être très facile non plus. Autant dire que ça n'est pas un grand moment de détente où tu peux en profiter pour lire le journal.

Pour les gros besoins non programmés, il va falloir trouver un endroit à l'abri des yeux. Pas toujours facile à trouver car le terrain ne s'y prête pas toujours.

Mon premier grand moment de solitude fut sur un cent bornes sur route où je me suis pris une envie mais super pressante et inattendue. Je pense que cette envie soudaine était liée au fait que mes intestins avaient mal supporté la boisson que j'avais ingurgité depuis 3h. Erreur de jeunesse car je n'avais pas testé cette boisson énergétique durant mes entrainements.

Le problème :

une route en pleine campagne, pas d'arbre, que des champs et rien n'avait encore poussé assez haut pour que je puisse me mettre à l'abri. Forcément, il y avait du monde en course et il faisait encore bien clair. Et bien là, vous serez les fesses, vous tentez de gérer au mieux les "Poussées d'adrénaline" et vous espérez qu'un habitant aura l'obligeance de vous proposer ses commodités. Je suis arrivé devant une maison où les spectateurs nous encourageaient en faisant un petit barbecue…Vu dans l'état de détresse où j'étais lorsque que je lui ai demandé où étaient ses toilettes, il n'a pas pu refuser. Je tenais d'ailleurs à le remercier car sans lui, je ne sais pas ce que mon short serait devenu…....

J'ai eu un deuxième grand moment de solitude lors d'un ultra-trail. Je me suis retrouvé à devoir trouver en urgence un coin au calme, à l'abri des yeux indiscrets. Compliqué à trouver quand vous êtes en montagne et que les premiers arbres se situent 500m plus bas et que vous savez que, de toute façon, ça ne tiendra pas jusque-là. Il faut donc scruter les environs pour trouver le bon endroit. Le coin trouvé, un petit renfoncement sur la colline qui semble me protéger un peu des regards, j'enlève le sac, la veste, et je me mets accroupi. C'est là que je m'aperçois que je ne suis pas si seul que ça et qu'un peloton passe à moins de 10 mètres de moi. En plus, je suis en bout de ligne droite et les concurrents m'aperçoivent déjà à 30 mètres car il n'y a aucune végétation entre ces coureurs et moi. On ne voit d'ailleurs que moi. Formidable comme situation très inconfortable !

Seule solution pour cacher un peu mon intimité fut d'utiliser ma veste comme couverture. Et le plus dur ne fut pas de « faire » devant tout le monde, ce fut de s'essuyer……..je ne vous fais pas un dessin, jour de pleine lune !!!

Bref, anticipez. C'est la solution la moins déshonorante. Je vous l'assure !!

A l'inverse, l'autre problème est le blocage de l'estomac. Plus rien ne rentre et le peu que vous pouvez avaler ressort presqu'immédiatement.

Par chance, je n'ai jamais eu de souci d'estomac mais c'est quand même très courant dans le peloton. Comme expliqué précédemment, c'est pratiquement toujours lié à votre allure de début de course mal adaptée et les problèmes commencent généralement au bout d'une dizaine d'heures de course. Nous constatons les premières défaillances gastriques assez facilement car nous commençons à doubler des coureurs qui ne marchent pas ou qui ne sont pas assis mais qui sont à 4 pattes. Et vu les bruits bizarres qui sortent de leur bouche, on devine ce qui se passe…

Mais, comme d'habitude, rien n'est irréversible, il faudra juste être patient. Donc, si cela vous arrive, il va falloir manger même si vous n'avez pas faim. Et si cela remonte, tentez quand même de vous alimenter. Un estomac vide, ça veut dire plus de carburant, plus de jus, plus de puissance. Vous serez vidé et sans force. Et si la nourriture solide ne passe pas, il faut tenter le liquide. De la soupe, un thé ou un café sucré. Il faut se forcer. De toute façon, vous n'avez rien à perdre.

Et donc, pour revenir sur ces petits désagréments de course auquel vous serez tôt ou tard confrontés, retenez qu'il faut toujours avoir dans son sac à dos un paquet de mouchoirs en papier. Cela pourrait vous « sauver » en course.

La barrière est à combien ?

Mauvais présage quand on doit poser cette question.

Vous allez me demander : « Mais, c'est quoi cette barrière ? Il faut sauter par-dessus? Pourquoi mettre une barrière alors qu'il y a déjà assez de cailloux ou de racines sur le parcours ? »

Rassurez-vous, elle n'est qu'horaire mais elle est tout aussi redoutée qu'une vraie barrière qu'il faudrait escalader après quelques dizaines de kilomètres.

Cette satanée barrière que les organisateurs ont posée presqu'à chaque ravitaillement.

Cette barrière est un avertissement :

« Il faut passer avant telle heure. Si vous arrivez en retard, vous êtes éliminé. »

Eliminé…….C'est comme un abandon mais que vous n'avez pas souhaité. Juste parce que vous êtes arrivé en retard à un point du parcours.

Mais c'est la règle qu'on accepte en signant notre inscription. Cette épée de Damoclès qui peut rester plusieurs heures juste au-dessus de vous avant qu'elle ne tombe ou qu'elle s'éloigne.

Les premiers ont le stress du classement.

Les derniers ont le stress de la barrière horaire et je pense que celui-ci est certainement bien plus angoissant encore que le premier. Car pour eux, le classement a peu d'importance. Le Graal c'est être finisher. Finir cette fichue course même si c'est longtemps après les premiers.

Ces premiers finishers qui seront déjà douchés, qui auront déjà mangé, certainement déjà dormi alors que pour ceux qui sont encore en route et qui sont en limite de barrière horaire, pas de répit, pas de sommeil. Il faut se battre contre l'horloge.

Pour eux, chaque ravitaillement passé sera une étape de plus de franchie mais, sans pouvoir prendre du temps pour se reposer et s'occuper d'eux, ils devront s'engager immédiatement vers un nouveau défi à relever dès la sortie de la zone de vie :

- Ok, combien de bornes ?

- Combien de dénivelé ?

- La prochaine barrière est à quelle heure ?

Voici les 3 questions qui obsèdent les concurrents qui sont en limite de barrière.

Suite aux 3 réponses reçues, un rapide petit calcul mental (s'ils en sont encore capables !) va leur permettre de savoir quelle allure moyenne il va falloir tenir. Prendre en compte le dénivelé. Pour au final, arriver à la même conclusion que pour les ravitos précédents.......Faut que je fonce pour passer la prochaine barrière.

Et ces satanées barrières horaires sont placées souvent jusqu'au dernier ravitaillement.

Imaginez-vous que pour arriver à celui qui se situe à quelques kilomètres de l'arrivée, vous être battu pendant des heures. Vous avez passé chaque barrière avec quelques minutes d'avance et vous vous faites recaler à une heure de l'arrivée juste parce qu'il vous manque 4 minutes. Vous allez vous dire c'est quoi 4 minutes. Et bien, sur un ultra-trail, c'est 300m…..autant dire une pacotille. 300 mètres sur plusieurs dizaines de kilomètres déjà parcourus. Et oui, c'est cruel mais c'est la règle.

Il est d'ailleurs courant de voir les coureurs du fond de peloton se féliciter après avoir passé la dernière barrière horaire comme s'ils avaient déjà terminé la course. C'est presque ça car ils savent que maintenant, on ne pourra plus les arrêter. Ils ne pourront plus être mis hors course. Après des heures de bataille contre eux-mêmes et cette horloge, ils peuvent enfin prendre un peu plus de temps pour se ravitailler et se poser quelques minutes car c'est gagné, ils rentreront à l'arrivée et passeront très probablement sous l'arche des finishers.

Ça sent l'écurie

On frise le cri de joie car on sait qu'on approche de la délivrance.

« Ca sent l'écurie » signifie tout simplement que c'est bon, on sera finisher. Le job est fait, on rentre à la maison, on a fait le tour, bref, on termine.

L'émotion commence à monter car on sait, qu'à part une chute de dernière minute, on a réussi.

Ça ne veut pas dire forcément que c'est la grande forme. On a peut-être cumulé toutes les phrases précédentes. On est peut-être carbon, la barrière horaire est juste à notre cul, on a dû faire des stages dans les buissons pour se vider, on a manqué de mettre une bonne dizaine de fois le cligno à droite mais, on est encore là.

Les jambes commencent à faire un peu moins mal, le sourire qui était peut-être absent depuis plusieurs heures est de nouveau présent sur notre visage. Nous nous aventurons même à faire quelques petites blagounettes.

Et on commence à vous féliciter le long du chemin. Des accompagnateurs qui remontent le dernier chemin pour rejoindre leur ami qui doit être juste derrière vous encouragent, vous disent que l'arrivée n'est plus très loin. Ouf, ça c'est fait, ou presque. Si on a la chance de terminer sur une descente, on va même tenter de recourir alors qu'il y a bien longtemps qu'on n'a plus essayé d'allonger la foulée.

Selon l'heure d'arrivée, il est probable qu'il y ait du public. Toutes ces personnes ne vous connaissent pas mais ils vous donneront les derniers coups de peps pour franchir la ligne d'arrivée d'une manière fringante.

Ils ne savent certainement pas par quels états vous êtes passé mais ils saluent vos efforts pour rallier l'arrivée.

Oui, quand ça sent l'écurie c'est qu'on a vaincu la difficulté. La fierté nous envahit car on sait qu'on a réussi notre pari.

Ce pari un peu fou qu'on s'est lancé à nous-même ou avec un pote lors d'une soirée peut-être un peu arrosée. Le style de dialogue qu'on ne peut sortir qu'à ce moment-là :

« - J'ai vu un truc pas mal dans le calendrier des trails…

- Ah ouai, c'est combien ?

- Bin, c'est un peu long mais ça peut être une balade sympa !

- Allez, vas-y. Même pas cap.

- Tu rigoles ! Je m'inscris demain matin.

- Chiche. Envoie-moi le lien. »

Et voilà comment ça peut commencer…….Sur un « t'es pas cap ». Comme quoi la participation à un ultra, des fois, ça ne tient pas à grand-chose.

Mais ce fameux « T'es pas cap » va vous embarquer dans une préparation pour arriver le jour J avec ce qu'il faut dans les jambes et dans la tête pour le réaliser ce fichu pari. Et après avoir vaincu toutes les difficultés du parcours avec ou sans mal vous parviendrez à cet instant où vous passerez cette ligne d'arrivée.

Tout le chemin parcouru depuis cette fameuse discussion autour d'un verre pour arriver à cette ligne qui fait stopper votre chrono et probablement toute la souffrance d'un long périple.

Et si vous avez la chance de pouvoir partager cette arrivée avec ce fameux pote de pari. Vous vous ferez ce plaisir de poser le pied en même temps sur cette ligne d'arrivée. Ce dernier pas d'un long parcours partagé ensemble avec ces moments inoubliables qui auront jalonné ce périple.

Voilà, c'est fait. Purée, que c'est bon. On est rentré à l'écurie et on peut se détendre maintenant.

On a réussi !

Maintenant que nous avons enfin terminé, un autre grand épisode non moins solennel va succéder à ce grand moment de plénitude de fin de course. Cet instant de plaisir auquel on a commencé à penser lorsque la fin du parcours approche, lorsque que toute cette fatigue, cette peur de la chute en descente ou de la blessure disparaissent…..Et oui, vous avez deviné, la bonne bière d'après course.

Ne nous voilons pas la face, ce petit moment d'après course qui peut se prendre juste après l'arrivée ou à la buvette après s'être changé n'est pas très diététique mais c'est un réel plaisir partagé avec les potes. Ce sera également une bonne source de motivation durant les derniers kilomètres de fin de course :

« Allez, encore quelques bornes et on aura notre petite bière. Au fait, t'as regardé c'est quoi la bière de la région ? »

Et oui, car en plus de découvrir les magnifiques paysages du coin, nous allons nous faire un devoir de compléter notre découverte par la dégustation de la boisson houblonnée régionale afin de ne pas partir ignorant (fallait bien trouver une excuse !).

Autour de cette table, on se refera le parcours avec une petite anecdote pour chacun. Ce petit passage technique, cette descente abrupte, cette longue portion roulante. Tous ces kilomètres plus ou moins difficiles seront décortiqués en toute décontraction. Bien sûr, on n'exagèrera pas avec cette boisson car rappelons-nous que l'organisme a un peu souffert et qu'il a besoin de récupérer. Mais, il serait vraiment dommage de rater ce petit moment de convivialité avec les potes.

Plus jamais.
Bah, c'était pas si difficile que ça.
Et le prochain ?

Un seul titre regroupant trois exclamations
Tout simplement, parce qu'elles ne peuvent être
dissociées. Elles seront toutefois employées à
quelques jours d'intervalle. Je m'explique.

Dans la plupart des cas, nous avons dû batailler
pour finir cette course. Nous avons probablement
dû passer par une partie des stades énumérés
précédemment. Et forcément, une bonne partie de
ceux-ci ne se sont pas fait dans la joie et la bonne
humeur.

Dans ces moments douloureux, le « plus jamais »
est omni présent dans notre esprit.

Pourquoi s'infliger tant de souffrance. Juste pour avoir cette fierté d'avoir terminé. Mais à quoi bon ? A quoi bon vouloir participer à des courses que les autres personnes qualifieront de surhumaines.

Non, non, plus jamais je ne participerai à ce type d'épreuve qui nous marque physiquement pour quelques jours et psychologiquement pour quelques semaines.

Car il faut être honnête, notre dégaine du lendemain de course contraste considérablement avec notre allure de la veille sur la dernière ligne droite d'arrivée. Nous n'avons pas fière allure. Un réveil avec cette sensation qu'un bus vous a roulé dessus pendant la nuit. Un lever du lit très fastidieux. Des muscles et des articulations qui font mal. L'enfilage de chaussettes nécessite de l'aide d'une tierce partie. Les tongs sont d'ailleurs de sortie afin d'éviter tout frottement d'un tissu de basket avec une peau endolorie. On évite également de rester assis trop longtemps car le relevé de chaise et le dépliage des jambes sont difficiles. La position couchée est d'ailleurs privilégiée. Il reste les déplacements à pied qui sont réalisés à une allure proche des dernières montées de fin de course, autrement dit......à allure très modérée. Tout en essayant, bien sûr, d'éviter d'emprunter tout escalier.

Bref, on est bien loin d'avoir l'air frais. !

Mais, je vous rassure, le cerveau humain est formidable car il va transformer vos gros moments de galère en grands moments de course. Il va également lisser la difficulté du profil et l'exigence du parcours pour rendre cette course finalement.......presque facile.

Les moments de pire galère se transformeront en magnifiques souvenirs. Ces fameux souvenirs qu'on était venu chercher.

Il est même probable que vous allez vous dire quelques jours après que vous auriez pu remettre une louche à tel ou tel endroit parce que vous n'étiez pas si cuit que ça. Et, que tout compte fait, ce n'était pas si difficile que ça.

Lorsque vous serez arrivé à cette réflexion, vous serez au deuxième stade.

Et la « transformation » s'achèvera quelques jours plus tard par le « Et le prochain ? » lorsque vous vous retrouverez sur des sites de trail à la recherche d'une nouvelle épreuve qui sera probablement aussi difficile voire même un peu plus car notre envie de challenge ne s'arrêtera jamais et il va toujours falloir un nouveau truc qui nous mettra dans une situation de challenge à relever.

Parce que c'est comme cela, nous sommes nés pour relever des challenges que ce soit professionnels ou privés mais également sportifs. Allez, c'est quoi le prochain truc de dingue ?

Par contre, avant de participer à une nouvelle aventure, il va quand même falloir prendre un peu de temps pour la récupération. Car forcément, celle-ci ne se fera pas sur quelques jours. Les courses d'ultra laissent forcément des traces plus longtemps que les courses de distance « standard ». Le corps aura besoin de récupérer car il a souffert durant ces nombreux kilomètres. Les articulations, les tendons et les muscles ont été soumis à rude épreuve vont être douloureux pendant plusieurs jours et même si la douleur va finalement disparaitre, on va très rapidement s'apercevoir que notre organisme reste fatigué pendant plusieurs semaines. Il va de soi que toute reprise rapide risque d'occasionner des blessures plus ou moins graves. Il est également courant que l'objectif passé, nous ayons besoin de temps pour reprendre goût à la course à pied. Tout simplement parce que l'effort a été si intense physiquement et mentalement qu'il faudra attendre que l'envie de courir revienne également. A titre d'exemple, on considère que le temps pour la récupération complète d'une course de 100km est d'environ 2 mois.

Je reprends généralement la course à pied au bout de 3 à 4 semaines après l'arrivée et uniquement par des footings afin de ne pas fatiguer inutilement l'organisme.

Je surveille également mon poids. C'est un bon indicateur de récupération. Je constate très souvent que je continue à perdre du poids durant les 2 semaines qui suivent un ultra. Celui-ci va finir par finalement se stabiliser pour repartir ensuite doucement à la hausse. C'est généralement cette information qui va m'indiquer que je peux reprendre tranquillement si j'en ai envie.

De toute façon, il faut rester quand même un peu « raisonnable » et un seul gros ultra par an satisfait largement mon envie de grosse balade.

T'as fait combien ?

Le classement et le chrono final. Cette fameuse liste que tout le monde va nous demander et qui, tout compte fait, ne veut pas dire grand-chose à vos yeux.

Concernant le chrono officiel, c'est généralement une surprise à l'annonce du volume d'heures de course. Oui, lorsqu'on annonce plusieurs dizaines d'heures forcément ça surprend toujours un peu. Mais un rapide calcul de la part de notre interlocuteur fera redescendre la stupeur pour la transformer en questionnement.

Car seul un traileur qui a déjà pratiqué ce type de course peut s'extasier sur une allure moyenne de 4.5km/h alors qu'une personne ne pratiquant pas cette discipline te dira :

« Bin, t'as marché tout le temps ? ».

Oui, c'est vrai, on n'a pas été très vite mais on a fait ce qu'on a pu.

On va également annoncer notre classement avec, peut-être, seulement 20 ou 30% de finishers derrière nous.

Et on pourra entendre ce type de réflexion :

« Ah ouai, y'en a plus devant que derrière. »

Et oui, car hormis le kilométrage qui semble démentiel. Les autres chiffres qu'on vous donnera ne seront pas forcément extraordinaires.

Alors, vu de la fenêtre de certains, c'est ce qu'on peut penser….On a fait une longue randonnée et on s'est fait battre par pas mal de monde.

Je caricature un peu (beaucoup) car c'est quand même assez rare qu'on nous sorte ce type de remarque. On reçoit beaucoup plus souvent des félicitations qui, forcément, nous font toujours très plaisir.

Mais c'est vrai que notre vitesse de progression et notre classement final ne sont pas forcément extraordinaires.

Tout d'abord, il est important de remettre ces chiffres de classement pour ce type d'épreuve de montagne dans le contexte de notre préparation. Nous les habitants de notre cher plat pays.

Et oui, notre région ne nous permet pas de pouvoir préparer des ultras de montagne comme les participants habitants dans les régions montagnardes.

Nos seules collines font moins de 170 mètres d'altitude dont le plus fort dénivelé sur une montée frise les 60m. Alors, comment voulez-vous que nous soyons préparés pour des montées de 800 à 1000 mètres de dénivelé que nous allons devoir enfiler en une seule fois ? Pour celles et ceux qui connaissent nos chers monts des Flandres, le seul moyen pour se taper 800 m de dénivelé positif sera de faire le hamster en enchainant une quinzaine d'aller-retours sur une montée longue de 500m pour 50 à 60m de d+. Et même si vous êtes assez motivé pour le faire à l'entrainement, sachez que cela n'a rien de comparable avec la montagne.

Nous allons à la bataille avec nos armes et nous faisons tout ce que nous pouvons pour y faire « quelque chose de bien».

C'est vrai également, notre classement final n'est pas exceptionnel. Les premiers nous ont mis une valise. Rassurez-vous, on le sait.

Mais moi, je sais qu'au départ, quand je suis dans ce peloton qui trépigne d'impatience et que je tourne la tête et regarde chaque coureuse ou coureur autour de moi. Je sais qu'ils sont prêts pour la bataille, comme moi. Chacun avec ses armes, comme moi et ils vont tous se battre pour gagner contre eux-mêmes, comme moi.

Et malgré le fait que ces traileuses et traileurs sont généralement très aguerris, je sais qu'un sur trois ne terminera pas la distance. 30 à 40% d'abandon, c'est le ratio sur ce type de course.

Qu'un sur trois devra mettre le cligno à droite car il sera carbon. Il ne sentira jamais l'écurie. Peut-être parce qu'il n'est pas parti tranquille pour cette belle balade. Ou peut-être qu'il n'a pas assez chargé la mule au ravito. Que la fatigue et les hallucinations auront eu raison de lui. Ou tout simplement parce qu'il n'avait plus envie de se faire tant mal.

Et oui, ces 30 à 40% de coureurs qui ont pourtant des références de course longues comme le bras feront partie du classement avec la mention DNF (Do Not Finish).

Après réflexion, on n'est pas si nul que cela car, nous, on a terminé. On a réussi à passer à travers les gouttes.

Sur la ligne de départ, on s'est juré qu'on ne sera le malheureux sur les trois qui n'arrivera pas au bout. Il a fallu qu'on se batte contre nous-même pour avancer. On s'est parlé intérieurement ou à haute voix et on s'est dit : « Celle-là tu vas la finir, car c'est ta course. ».

On est allé chercher des ressources au fond de nous-même car on sait que tant que la tête va on continue à avancer et on se rapproche de l'arrivée. Se lancer sur des distances à trois chiffres est toujours une grande aventure. Une belle aventure avec ses risques mais, je me répète, on a de la chance de pouvoir les tenter.

On a la chance de pouvoir vivre ce type d'émotion. Ce sentiment d'avoir été jusqu'au bout de nos efforts. Le corps et l'esprit sont capables de réaliser des trucs qui semblent incroyables et chacun mérite de tenter un truc spécial. Juste par envie.

Alors, ce classement et ce chrono, au final, ça n'est pas très important car............

Et ouai, je suis Finisher !

Allez, vas-y

Cette dernière petite phrase qui clôture ce fil rouge est une invitation.

Je vous invite à vous défier.

Trouvez-vous un défi, un challenge selon votre niveau et dans le domaine qui vous conviendra. Que ce soit un défi manuel, intellectuel, sportif, personnel ou professionnel. Placez la barre à un niveau qui ne vous laisse pas dans votre zone de confort mais qui reste quand même dans les limites du raisonnable.

Donnez-vous les moyens d'y arriver en trouvant la motivation pour atteindre votre objectif et....foncez.

Allez-y, ne lâchez rien. Et n'oubliez pas :

« Vous n'êtes pas seul »

Table

.